El pensamiento adictivo

Abraham J. Twerski

El pensamiento adictivo

Comprender el autoengaño

PROMEXA

**Para establecer comunicación
con nosotros puede hacerlo por:**

 correo:
Renacimiento 180, Col. San Juan
Tlihuaca, Azcapotzalco,
02400, México, D.F.

 fax pedidos:
(015) 561 4063 • 561 5231

 e-mail:
info@patriacultural.com.mx

 home page:
http://www.patriacultural.com.mx

Título original de la obra:
ADDICTIVE THINKING
ISBN 1-56838-138-7
Copyright ©1990, 1997, Hazelden Foundation

Traducción: Elianne de Cazenave Tapie
Diseño de portada: Perla Alejandra López Romo
Imagen de portada: Miguel Ángel Bounarroti, "Estudio de
figura masculina"

El pensamiento adictivo
Derechos reservados:
©1990, 1997, 1999, Abraham J. Twerski/Hazelden Foundation
©1999, Editorial Patria, S.A. de C.V.
©2000, GRUPO PATRIA CULTURAL, S.A. DE C.V.
bajo el sello de Promexa
Renacimiento 180, Colonia San Juan Tlihuaca,
Delegación Azcapotzalco, C.P. 02400, México, D.F.

Miembro de la Cámara Nacional de la Industria Editorial
Registro núm. 43

ISBN 968-39-1554-X

Impreso en México
Printed in Mexico

Primera edición: 1999
Primera reimpresión: 2000

Prólogo

P ocos campos de la investigación de los quehaceres humanos han producido tantos expertos como el de la dependencia de las sustancias químicas. El alcoholismo y la farmacodependencia están colmados de expertos internacionales y nacionales, cada uno de los cuales afirma conocer de manera especial esas peculiares enfermedades que han provocado tantas controversias, aun cuando siguen siendo mal entendidas por tantas personas. Existen expertos en los efectos adversos de las sustancias químicas en el cerebro; expertos que han estudiado la manera en que los genes trascienden el vacío generacional transportando quién sabe qué carga de factores de riesgo biológico; expertos en disfunción familiar; expertos en AA, terapia de grupo, nutrición, enfoques conductuales, autoestima, tensión, sociedad y cultura, espiritualidad, recidiva, diagnósticos duales, y demás. Y en tanto que, sin lugar a dudas, cada uno de estos expertos posee parte de la verdad acerca de estas devastadoras enfermedades, nadie parece tener un conocimiento tan firme de todo el cuadro como el doctor Abraham Twerski.

El doctor Twerski posee un maravilloso dominio intuitivo de la enfermedad de la adicción y la destreza para describir a los verdaderos alcohólicos con unas cuantas frases perspicaces y cuidadosamente elegidas. Su profundo conocimiento de estas enfermedades facilita a los demás el comprenderlas también.

Mucho antes de que los psicólogos académicos empezaran a salir de la larga oscuridad de un conductismo insensato y esmerado para reafirmar la importancia de cosas como el razonamiento, la toma de decisiones, la formación de conceptos y demás, el doctor Twerski señalaba con toda tranquilidad la crítica importancia de los procesos cognoscitivos de los alcohólicos y de los adictos a otras sustancias y la manera en que esos procesos se integran a su conducta. Ha demostrado que si alguna vez tuviéramos que trabar combate con la aparente falta de lógica de la conducta adictiva, primero debemos llegar a un acuerdo con las diversas "lógicas" del pensamiento adictivo. Quienes operamos como agentes de cambio con gente adicta y los miembros de su familia debemos aprender a detectar la resistencia al cambio asociada con el pensamiento adictivo, a demostrar a nuestros pacientes su lógica peculiar y su autoengaño, y a utilizar estas pruebas para ayudar a las personas a ser abstemias y a perseverar en una recuperación estable. Este libro nos ayudará a lograrlo.

Esta nueva edición de una obra clásica es un *tour de force* en el pensamiento adictivo y sus ramificaciones en todos los aspectos de las enfermedades adictivas y la manera de recuperarse de ellas. En este volumen compacto y concisamente escrito, el doctor Twerski se centra en los aspectos críticos del pensamiento adictivo y, con una admirable economía de palabras y frases, explica este tipo de pensamiento, nos lo demuestra claramente por medio de ejemplos elegidos con cuidado a partir de su práctica clínica y de observaciones generales, examina sus orígenes y explora la importancia de dicho pensamiento en una multitud de situaciones que incluyen el conflicto, la culpa, la vergüenza, la ira, el manejo de sentimientos, las defensas, la espiritualidad y la codependencia.

En esta época de explosión de información, cuando nos abrumamos fácilmente por la cantidad de datos que rebasa lo que podríamos absorber en varias vidas, a menudo sentimos que nos quedamos buscando a tientas en la oscuridad algún conocimiento aprovechable. Y aun si logramos encontrar alguna información confiable en toda la broza que llamamos datos, a menudo seguimos necesitando sabiduría y análisis. Por fortuna, el doctor Twerski, en su nueva edición del *Pensamiento adictivo* a la que damos una cálida bienvenida, logra brindarnos ambos. Después de leer este libro la mayoría de los lectores saldrá mejor informada, con un mayor conocimiento de los alcohólicos y de los demás adictos, y un poco más sabios.

JOHN WALLACE

Capítulo 1

¿Qué es el pensamiento adictivo?

Al entrevistar a Ray, un joven que había ingresado a una unidad de rehabilitación por drogadicción, le pregunté: "¿Qué te hizo tomar la decisión de que había llegado el momento de hacer algo acerca del problema?"

"He consumido cocaína algunos años", me contestó Ray, "y en ocasiones dejaba de recurrir a ella unas cuantas semanas consecutivas, pero nunca antes había decidido dejarla por completo.

"Durante el último año mi esposa me ha estado presionando para que la deje por completo. Ella también consumía cocaína, pero ya hace varios años que la dejó. Finalmente llegué al punto de que la coca no valía las peleas que tenemos, por lo que decidí dejarla por completo.

"Sinceramente, deseaba suspenderla de una vez por todas, pero después de dos semanas volví a ella y eso me demostró algo. No soy estúpido. Ahora sé que tal vez me es absolutamente imposible dejarla por mí mismo."

Repetí varias veces la última frase de Ray porque deseaba que escuchara lo que acababa de decir. Pero no pudo percibir lo que yo intentaba señalarle.

Le dije: "Es muy lógico decir: Tal vez puedo dejarlo solo. También es muy lógico decir: Me es absolutamente imposible dejarlo solo. Pero decir: Ahora sé que *tal vez* me es *absolutamente imposible* dejarla por mí mismo; es absurdo porque es contradictorio en sí mismo. Ya sea es *absolutamente imposible* o *tal vez*, pero no puede ser ambas." Sin embargo, Ray no podía comprender mi propósito.

He repetido esta conversación a muchas personas y aún terapeutas avezados no manifiestan al principio ninguna reacción, esperando descubrir dónde está el chiste. Sólo después de que señalo la contradicción entre "absolutamente imposible" y "tal vez" perciben lo absurdo de la frase y la distorsión de pensamiento que se da en la mente de este hombre.

La distorsión del pensamiento

El fenómeno del pensamiento anormal en la adicción fue reconocido por primera vez por Alcohólicos Anónimos, en donde se inventó el término muy descriptivo de *pensamiento desagradable*. Los veteranos de AA emplean este término para describir al "borracho seco", es decir, al alcohólico que se abstiene de beber pero se comporta de manera muy similar al bebedor activo.

Sin embargo, las distorsiones del pensamiento no sólo se dan en los trastornos de los adictos; tampoco se relacionan necesariamente con el consumo de sustancias químicas. Es posible observar el pensamiento distorsionado en personas que pueden estar enfrentando otros problemas de adaptación. Por ejemplo, una joven se retrasaba para entregar su examen de una materia.

"¿Por qué no terminas?" le pregunté.

"Ya acabé" me dijo.

"¿Entonces, por qué no me lo has entregado?" le pregunté.

"Porque necesito trabajar un poco más en él" me contestó.

"Pero pensé que ya habías acabado" le señalé.

"Así es" me dijo.

Aunque su afirmación parece ilógica para la mayoría de la gente, puede tener perfecto sentido para quien tiene un proceso de pensamiento adictivo. Además, aunque el pensamiento distorsionado no necesariamente indica adicción, la intensidad y la regularidad de este tipo de pensamiento son muy comunes en los adictos.

Todos reconocemos que las afirmaciones "Ya acabé mi examen" y "Todavía necesito trabajar un poco más en él" son contradictorias. Pero la frase de Ray, "Ahora sé que tal vez me es absolutamente imposible dejarla por mí mismo", puede no parecernos absurda mientras no nos detengamos a analizarla. En una conversación normal, solemos no disponer de tiempo para detenernos y analizar lo que escuchamos. Por tanto, pueden engañarnos, y que aceptemos como razonables las afirmaciones que no tienen sentido.

Algunas veces estas contradicciones pueden ser aún más sutiles. Por ejemplo, cuando se le preguntó si había resuelto todos los conflictos vinculados con su divorcio, una mujer contestó: "Eso creo." En su respuesta no hay nada visiblemente absurdo, mientras no nos detengamos a analizarla. La pregunta "¿Has resuelto los conflictos?" significa "¿Has superado las diversas incertidumbres y eliminado los problemas emocionales concomitantes a tu divorcio?" Eso es lo que significa la palabra *resuelto*. La respuesta "eso creo" es por consiguiente una afirmación de "todavía estoy indecisa de estar segura" y en realidad carece de sentido.

Los procesos de pensamiento en la esquizofrenia

Para comprender más a fondo de lo que estamos hablando cuando empleamos el término *distorsión de pensamiento*, veamos un ejemplo extremo, es decir, el sistema de pensamiento que utiliza el esquizofrénico. Por absurdo que pueda parecer un pensamiento distorsionado particular para una persona sana, tiene perfecto sentido para el esquizofrénico.

Los terapeutas familiares con pacientes esquizofrénicos paranoicos que tienen delirios de grandeza saben lo vano que puede ser intentar convencer al paciente de que no es el Mesías o la víctima de una conspiración mundial. El terapeuta y el paciente operan en dos longitudes de onda del todo diferentes, con dos reglas de pensamiento completamente distintas. El pensamiento normal es tan absurdo para el esquizofrénico como el pensamiento esquizofrénico para la persona sana. El ajuste de un esquizofrénico típico a la vida en una sociedad normal puede ser descrito en términos de un empresario de béisbol que ordena al equipo que patee la pelota o de un entrenador de fútbol que pide que roben una base.

Los esquizofrénicos no se dan cuenta de que sus procesos de pensamiento son diferentes de los de la mayoría de la gente. No entienden por qué los demás se niegan a reconocerlos como el Mesías o la víctima de una conspiración mundial. Sin embargo, muchas personas, incluso los terapeutas, pueden discutir con un esquizofrénico y frustrarse cuando la persona no logra aceptar la validez de sus argumentos. Pero eso equivale a pedirle a un daltoniano que distinga colores.

Sin embargo, el pensamiento del esquizofrénico es tan obviamente irracional que la mayoría de nosotros lo reconocemos claramente como tal. Es posible que no podamos comunicarnos eficazmente con él, pero por lo menos no nos engañan los delirios que crea en su mente. Con más frecuencia caemos en la relativa sutileza de las distorsiones causadas por el pensamiento adictivo.

De qué manera las enfermedades adictivas se parecen a la esquizofrenia

Algunas veces a las personas con enfermedades adictivas se les diagnóstica erróneamente como esquizofrénicas. Pueden presentar algunos síntomas idénticos, como:

- delirios
- alucinaciones
- estados de humor inapropiados
- conducta muy anormal

Sin embargo, todos estos síntomas pueden ser manifestaciones de los efectos tóxicos de las sustancias químicas en el cerebro. Estas personas presentan lo que se llama una psicosis químicamente inducida, que puede parecerse pero no es esquizofrenia. Estos síntomas suelen desaparecer cuando se ha mitigado la toxicidad química y la química cerebral vuelve a la normalidad.

Sin embargo, es posible que el esquizofrénico consuma alcohol u otras drogas activamente, lo cual presenta un problema muy difícil de tratamiento. Puede ser que requiera un mantenimiento a largo plazo con fuertes medicamentos antipsicóticos. Además, es probable que quien padece esquizofrenia no sea capaz de tolerar las técnicas de confrontación que suelen ser eficaces con los adictos en tratamiento. Los terapeutas les enseñan a desistir del escapismo y a utilizar sus habilidades para adaptarse eficazmente a la realidad. No se puede pedir esto al esquizofrénico, que carece de la capacidad de adaptación a la realidad.

En cierto sentido, tanto el adicto como el esquizofrénico parecen trenes descarrilados. Con cierto esfuerzo, el adicto puede volver a sus rieles. Sin embargo, el esquizofrénico no puede ser devuelto a los mismos rieles. Lo más que puede lograrse es poner a esta persona en otros rieles que lo lleven a su destino. Estos otros rieles no son "directos". Tienen incontables entronques y desviaciones y en cualquier momento el esquizofrénico puede tomar un rumbo que no es el deseado. Se necesita constante vigilancia y guía para evitar dichos extravíos y puede que se requieran medicamentos para frenar la velocidad del viaje y para mantenerlo en los rieles.

La confrontación con el pensamiento de un alcohólico, o de alguien con otra adicción, puede ser tan frustrante como tener que vérselas con un esquizofrénico. Así como no somos capaces de sacar al esquizofrénico de su convicción de ser el Mesías, no logramos que el alcohólico acepte que no es cierto que es un bebedor seguro y social, o un usuario seguro de tranquilizantes, o un consumidor "recreativo" de marihuana y cocaína.

Por ejemplo, la persona que está cercana y observa a un

alcohólico en etapa tardía (o cualquier otro adicto a fármacos) tiene ante sí a una persona cuya vida se destroza continuamente; tal vez su salud física se está deteriorando, su vida familiar está en ruinas y su trabajo en peligro. Todos estos problemas se deben obviamente a los efectos del alcohol o de los demás fármacos, pero parece que el adicto es incapaz de darse cuenta de ello. Puede creer firmemente que su consumo de sustancias químicas nada tiene que ver con ninguno de esos problemas y parece impermeable a los argumentos lógicos de lo contrario.

Una diferencia clara entre el pensamiento adictivo y el esquizofrénico es la siguiente:

- el pensamiento esquizofrénico es flagrantemente absurdo
- el pensamiento adictivo tiene una lógica superficial que puede muy bien ser seductora y engañosa.

Es posible que el adicto no siempre sea tan intencionalmente tolerante como lo piensan los demás. No es forzoso que esté engañando a los demás en forma consciente y deliberada, aunque a veces ocurre. A menudo los adictos caen en el juego de su propio pensamiento, engañándose en realidad a sí mismos.

Sobre todo en las etapas iniciales de la adicción, la perspectiva y la estimación del adicto de lo que está sucediendo puede parecer superficialmente razonable. Como ya lo dijimos, muchas personas caen en el juego del razonamiento adictivo. Así, es probable que la familia de un adicto vea las cosas a la "manera del pensamiento adictivo" durante mucho tiempo. El adicto parecerá convincente ante sus amigos, sacerdote, jefe, médico o hasta psicoterapeuta. Cada una de sus afirmaciones parece tener sentido; hasta sus largos relatos de hechos pueden ser coherentes.

Las obsesiones y compulsiones
en la adicción y la codependencia

La falsedad del pensamiento de autoengaño puede influir en los miembros codependientes de la familia así como en personas que dependen de sustancias químicas. ¿Quién es codependiente? Existen diversas definiciones y descripciones de la codependencia, pero la que parece ser más amplia es la de Melody Beattie: "La persona codependiente es aquella que permite que la conducta de otra la afecte y a la que le obsesiona controlar la conducta de esa persona."

Las partes importantes de esta definición son las palabras *obsesionada* y *controlar*. Los pensamientos obsesivos desplazan a todos los demás pensamientos y agotan la energía mental. Los pensamientos obsesivos pueden imponerse en cualquier momento y, lo que parece extraño, cualquier tentativa de deshacerse de ellos sólo incrementa su intensidad.

Intentar alejar los pensamientos obsesivos es como tratar de sacar un resorte en espiral comprimiéndolo. Mientras más presión se ejerce en el resorte, a la larga más dura se vuelve la espiral.

Con el riesgo de una excesiva simplificación, podemos decir que la persona adicta está atormentada por la *compulsión* a ingerir sustancias químicas. La persona codependiente tiene una *obsesión* ante el consumo del adicto y la necesidad de controlarlo.

Las obsesiones y las compulsiones se relacionan estrechamente. Durante muchos años, en psiquiatría se ha empleado el término *neurosis obsesivocompulsiva*. Tanto la obsesión como la compulsión se caracterizan por el hecho de que a la persona la preocupa, hasta la agobia, algo irracional. En una neurosis obsesiva, lo que atormenta a la persona es una idea irracional; en la neurosis compulsiva, es un acto irracional. La razón de que en psiquiatría se unan los dos términos es que casi en todos los casos en los que una persona se obsesiona con una idea, existe alguna conducta compulsiva. Virtualmente en todos los casos de conducta compulsiva se presentan pensamientos obsesivos. La siguiente historia ilustra la manera en que operan los pensamientos obsesivos.

La silla sobre el escritorio

Cuando yo daba clase de psiquiatría a estudiantes de medicina, uno de ellos expresó su interés en aprender más acerca de la hipnosis. Sentí que el método más eficaz para enseñársela era hipnotizarlo y permitirle aprender de primera mano lo que es un trance hipnótico y los diversos fenómenos que se pueden producir bajo hipnosis.

Sucedió que este joven era un excelente sujeto hipnótico y en varias sesiones pude demostrar las diversas aplicaciones de la hipnosis. Pero como también deseaba que él entendiera el fenómeno de la sugestión posthipnótica, le dije: "Unos minutos después de emerger de este trance, te daré una señal: golpearé con mi lápiz el escritorio. En ese momento, te levantarás, tomarás la silla sobre la que estás sentado y la colocarás sobre mi escritorio. Sin embargo, no recordarás que te di esa orden." Luego lo saqué del trance, y seguimos nuestra discusión acerca de la hipnosis.

Después de un largo rato, con indiferencia tomé mi lápiz y golpeé ligeramente mi escritorio, mientras seguía conversando. Unos segundos después, el estudiante, sin duda incómodo, empezó a agitarse. "Tengo el loco impulso de levantarme de mi silla y ponerla sobre su escritorio", me dijo.

"¿Por qué deseas hacerlo?" le pregunté.

"No sé. Es una idea loca, pero sentí que debía hacerlo." Hizo una pausa. "¿Me ordenaste algo semejante durante el trance?"

"Sí, así fue."

"Entonces, ¿por qué no puedo recordarlo?", me preguntó.

"Porque cuando te hice esa sugerencia, te indiqué que no la recordarías."

"Entonces, no tengo que hacerlo, ¿o sí?"

"Creo que no", le contesté.

Poco después, el estudiante se fue. Unos veinte minutos más tarde, la puerta se abrió. El joven entró precipitadamente a mi oficina, levantó la silla y con rabia la colocó sobre mi escritorio. "¡Maldición!" dijo, se dio la vuelta y salió enfurecido.

Ésta es la naturaleza de una obsesión o de una compulsión, sin importar si ocurre por una sugerencia dada durante la hipnosis o como un impulso subconsciente de algún origen desconocido. Así como no tiene sentido poner una silla sobre un escritorio, el acto compulsivo puede ser irracional, pero el impulso de hacerlo será virtualmente irresistible. Intentar resistir el impulso puede causar tanta ansiedad y malestar que el individuo llevará a cabo el acto sólo para aliviar la intensa presión. En el caso de la mayoría de las obsesiones y compulsiones, este periodo de alivio es bastante breve; luego recurre el impulso, a menudo con mayor fuerza que antes.

Las personas codependientes se comportan con frecuencia de esta manera *obsesivocompulsiva* cuando intentan controlar la conducta o el consumo de sustancias químicas del adicto. Puede que los obsesione intentar ayudarlo o, más tarde, si sus esfuerzos fallaron, castigar al adicto.

En qué se asemejan la adicción y la codependencia

Las similitudes entre la conducta del adicto y la del codependiente son sorprendentes. Los adictos suelen buscar nuevas maneras de seguir consumiendo sustancias químicas en tanto intentan evitar sus consecuencias destructivas. La persona puede beber alcohol o consumir cocaína "sólo en fines de semana" o sólo en determinada cantidad que le dará el "estímulo" deseado pero no lo suficiente para que resulte en una intoxicación. Cuando fracasan los esfuerzos de control, los adictos no concluyen: *No me puedo controlar.* Más bien, se dicen a sí mismos *Ese método no funcionó. Debo encontrar otro que sí funcione.*

Asimismo, los codependientes no concluirán que puesto que sus esfuerzos para detener al adicto han sido inútiles no hay manera de controlarlo. Más bien, buscarán nuevas maneras de que sí les funcionen.

Causa y efecto

¿El pensamiento distorsionado del adicto puede causar adicción, o dicho pensamiento es resultado de la adicción? Es una pregunta compleja, y no se pueden determinar fácilmente la causa y el efecto. Cuando el adicto entra a tratamiento, en general ya han ocurrido varios ciclos de causa y efecto, y cualquiera que intente decir cuál es cuál puede caer en una trampa. En cierto sentido, no importa si los procesos de pensamiento de una persona contribuyeron a su adicción o si su pensamiento adictivo es síntoma de la adicción. En ambos casos el tratamiento y la recuperación deben iniciarse en algún momento. Puesto que el consumo activo de sustancias químicas es un impedimento para el éxito del tratamiento, debe darse primero la abstinencia. Después de una prolongada abstinencia, cuando el cerebro vuelve a funcionar de manera más normal, los adictos pueden enfocar su atención en su pensamiento deteriorado.

El objetivo de este libro es ayudar al adicto o a la persona codependiente a identificar sus procesos de pensamiento y a iniciar el proceso de superación.

Capítulo 2

El autoengaño y el pensamiento adictivo

Nunca se recalca lo suficiente la importancia de darse cuenta de que a los adictos los engaña su propio pensamiento distorsionado y de que son sus víctimas. Si no lo comprendemos, es posible que nos sintamos frustrados o nos enoje tener que tratar con un adicto.

A menudo reímos cuando escuchamos los viejos relatos de consumo o ingestión hechos por adictos en vías de recuperación, porque lo absurdo de su pensamiento y de su conducta pueden ser irrisorios. Sin embargo, la reacción se parece mucho a la que tenemos cuando alguien resbala con una cáscara de plátano. Cuando hemos terminado de reír, nos damos cuenta que quien cayó podría estar seriamente lastimado. De igual manera, aunque podemos reír ante las payasadas del adicto, también nos tenemos que dar cuenta de que esa persona padeció mucho durante su adicción activa y de que muchas personas aún están sufriendo de la misma manera.

El pensamiento adictivo y la inteligencia

Alan, un alcohólico en recuperación, no recordaba los efectos de su alcoholismo, a pesar de lo que la gente le decía. Puesto que sólo bebía cerveza, estaba seguro de no padecer un problema de alcoholismo.

A la larga, enfermó físicamente y ya no pudo negar que algo sucedía. Concluyó que al beber la mitad de una caja de cerveza por día, estaba consumiendo demasiados líquidos. Por lo que cambió a whisky y agua gaseosa. Cuando empeoraron los síntomas físicos, culpó al agua gaseosa y bebió whisky con agua natural.

¿Es esto un pensamiento racional? Desde luego que no. ¿Puede clasificarse como pensamiento psicótico? No conforme a la actual definición de *psicótico*, que es un término general que define cualquier trastorno mental importante caracterizado por un desorden de la personalidad y pérdida de contacto con la realidad. Pero su pensamiento era claramente diferente del normal.

El pensamiento adictivo no se ve afectado por la inteligencia. Las personas que trabajan en muy altos niveles intelectuales son tan vulnerables a estas distorsiones del pensamiento como cualquier otra. De hecho, a menudo las personas con un intelecto inhabitualmente alto presentan grados más intensos de pensamiento adictivo. Por ello, los que son muy intelectuales son los pacientes más difíciles de tratar.

La abogada y el pavo

Christine, una abogada brillante y muy hábil, se negó con obstinación a asistir a las reuniones de AA por miedo a que la exposición de su alcoholismo pudiera comprometer su carrera y su posición en la comunidad. Pero la visita de un cliente agradecido que le entregó un pavo aderezado para el próximo día de Acción de Gracias cambió su opinión.

Christine recordaba haber salido de su oficina aquella tarde, caminando bajo una lluvia helada, transportando su pavo envuelto en el papel del carnicero. Lo siguiente que recuerda fue estar apoyada contra un edificio de oficinas en el centro de la ciudad, con el pavo bajo el brazo, ya sin el papel que la lluvia se había llevado. Cualquiera que la viera hubiera afirmado, y con razón, que estaba ebria. Aunque públicamente daba esa impresión, la avergonzaba mucho que quien fuera la viera encaminarse a una iglesia para una reunión de AA.

¿Por qué la brillante mente analítica de esta mujer no le impedía ese razonamiento absurdo? Por la misma razón que la gente brillante no es inmune a la psicosis, a la neurosis o a la depresión. En cuanto existe un ansia psicológica o física, afecta el pensamiento de la persona de una manera muy semejante a aquella en que un soborno o cualquier otro interés personal distorsiona el juicio. La necesidad de la sustancia química es tan potente que dirige el proceso de pensamiento de la persona sancionando o preservando la bebida o el consumo. Ésa es la función del pensamiento adictivo: permitir que la persona mantenga el hábito destructivo. Mientras más brillante se es, más ingeniosas serán sus razones de beber, de no abstenerse, de considerar a AA o a otras organizaciones inútiles para no adictos.

El pensamiento adictivo es diferente del lógico porque no llega a una conclusión con base en evidencias o en los hechos de una situación, ¡sino exactamente a la inversa! El adicto empieza por la conclusión *Necesito un trago* (o una droga) y luego elabora un argumento que justifique esa conclusión, sin importar si es lógico o no lo es, o si está apoyado por hechos.

Por qué consumen drogas los niños, por qué beben los padres

Comprender el pensamiento adictivo puede ayudar a explicar por qué fracasan algunos esfuerzos para prevenir el alcoholismo o el abuso de otros fármacos. A pesar de los fallecimientos debido a drogas de algunas celebridades, a los que se dio una gran publicidad, y de la amplia información en medios de comunicación acerca de los peligros de la cocaína y de la heroína, muchas personas aún están encantadas con la mística de las drogas. No siempre se indican las consecuencias nocivas, que incluyen la impotencia de la adicción, su enorme costo financiero, los problemas legales que ocasiona y el alto riesgo de muerte.

Con la campaña que instaba a los jóvenes a *Di no a las drogas* se logró tener una importante percepción de la postura de los jóvenes. Cuando se les preguntó lo que pensaban de la idea, muchos adolescentes respondieron: "¿Por qué? ¿Qué más hay?"

Algunos jóvenes que se sienten excluidos del sueño americano pueden recurrir a las drogas como el único tipo de gratificación a la que tienen acceso. Otros, que no tienen la oportunidad del éxito, pueden carecer de la confianza en sus habilidades para triunfar. Otros más no entenderán por qué deben privarse de un placer.

Cuando el placer o el alivio del malestar constituye la

meta final de la vida, mucha gente, sobre todo los jóvenes, recurren a las sustancias químicas para lograr esas metas. Es innegable que las sustancias que alteran los procesos mentales pueden producir una sensación deseable, y para desalentar la búsqueda de este estímulo debemos ser capaces de convencer a nuestros jóvenes de sacrificar ese placer. Puesto que parecen considerarse inmunes a los efectos peligrosos de las drogas, las advertencias espantosas no son un disuasivo. Si les decimos que eviten las sustancias químicas para crecer como personas sanas y productivas, capaces de gozar de la vida, enfrentamos a menudo con el argumento verbalizado o tácito: "¿Por qué esperar? Ya estoy gozando de la vida con la bebida."

Lo que complica más la vida es que nuestra cultura prospera con base en tecnología que elimina la espera. Somos consumidores de hornos de microondas, de máquinas de fax, de teléfonos celulares y de alimentos instantáneos. Aun si se puede concebir la "felicidad" después de la vida, el carácter distintivo de la gratificación instantánea hace intolerable la larga espera.

Para prevenir con eficacia el uso de sustancias químicas por parte de los jóvenes, tendríamos que establecer (1) metas fundamentales en la vida que no sean la gratificación de los sentidos y (2) la tolerancia ante la espera. Es poco probable que nuestra cultura acepte esos cambios. Más bien optará por el pensamiento adictivo.

La gente puede presentar patrones de pensamiento adictivo, que bloquean ciertos hechos, aun antes de caer en el consumo de las sustancias químicas. Por ejemplo, los jóvenes que contemplan el uso de cocaína a menudo son embaucados con promesas de euforia, ignorantes de su costo potencialmente terrible. Así, el pensamiento adictivo no puede ser señalado como único culpable de los efectos de las sustancias químicas en el cerebro.

Irónicamente, otra característica del pensamiento adictivo es que en tanto que distorsiona su percepción de sí mismo, puede no afectar sus actitudes hacia los demás. Así, un padre alcohólico activo puede sentirse profundamente frustrado si su hijo o hija es incapaz de comprender los efectos destructivos de las drogas. De igual manera, el hijo o hija que consume cocaína no podrá entender que su padre vuelva a beber poco después de un riesgo de muerte debido a los efectos del alcohol.

Recuerden esto, porque es importante: *La identificación del pensamiento adictivo debe venir de una tercera persona.*

El autoengaño en el pensamiento adictivo

Todo el mundo puede ser "engañado" por el proceso de pensamiento adictivo, pero la persona a la que más afecta es aquel cuyo pensamiento es ilusorio, el adicto o el codependiente. Los siguientes relatos ilustran este argumento.

Entrar en tratamiento no sería honesto

Martín, un hombre de cincuenta y cinco años, me consultó después de una intervención en su problema de alcoholismo. Su ex esposa, sus cuatro hijos, su jefe y dos amigos íntimos los enfrentaron con la manera en que su excesivo consumo de bebidas alcohólicas estaba afectando sus vidas. Por ejemplo, el jefe de Martín lo amenazó con despedirlo debido a sus hábitos laborales deshonestos.

El hombre afirmaba que esta intervención "le había abierto los ojos". Semanas antes, había tenido un accidente por manejar en estado de ebriedad, pero entonces todavía negaba el problema. Cuando los demás se interesaron lo suficiente en él para intentar ayudarlo, se dio cuenta de que tenía que dejar de beber. De hecho, desde la intervención, hacía diez días, no había vuelto a tomar ni un trago.

Le dije a Martín que su determinación era un buen principio hacia la recuperación, pero que la determinación sola no eliminaría su alcoholismo y que era absolutamente necesario un tratamiento. Le di las opciones de un tratamiento ya sea interno en un centro de rehabilitación o intensivo como paciente externo.

Sin embargo, Martín se negó a entrar a un programa de tratamiento. Aunque sin lugar a dudas no deseaba perder el afecto y la cercanía de sus hijos, o su trabajo, con toda su buena fe no podía entrar a tratamiento. ¿Por qué? Porque estaba seguro de que ahora podía abstenerse del alcohol sin ayuda externa. Por ello, entrar a tratamiento sólo para satisfacer a su familia y a su socio en los negocios, cuando él sabía que no requería dicho tratamiento, sería deshonesto de su parte y no estaba dispuesto a actuar de esa manera.

Mi impulso de estallar en carcajadas ante lo absurdo de su razonamiento fue mitigado por mi compasión por este hombre que trágicamente se engañaba a sí mismo. Durante sus muchos años de alcohólico, con frecuencia les había mentido a su familia, a sus amigos, a su jefe. Durante ese lapso no había sido honesto con ellos. Pero entrar a tratamiento era impensable porque hacerlo hubiera sido "deshonesto". En realidad creía que lo que le impedía aceptar ayuda era ¡su compromiso con la honestidad! Éste es el autoengaño del pensamiento adictivo.

Sólo un bebedor social

Otro ejemplo del pensamiento adictivo nos lo ofrece la historia de un hábil cardiólogo que bebió en exceso durante años. A medida que transcurrían el tiempo y su alcoholismo, empezó a experimentar efectos de resaca. Aunque asistía a su consultorio y al hospital todos los días, se sentía enfermo casi hasta que terminaba la mañana. Sin embargo, sabía que "sólo era un bebedor social". Sabía que existía un problema en la manera en que su estómago absorbía el alcohol: quedaba demasiado alcohol en su estómago durante la noche.

El médico recordó la escuela de medicina, donde como estudiante participó en un estudio acerca de la digestión. Se le dieron cantidades medidas de alimento, y cuarenta y cinco minutos después se le introducía una sonda por la nariz hasta su estómago. Se evacuaban los contenidos que ahí se encontraban, para ser sometidos a análisis de laboratorio.

"Llegué a ser un adepto a introducir una sonda por mi nariz hasta mi estómago", recordó el médico, "y se me ocurrió que esa técnica podía ser la respuesta a mi sufrimiento de la mañana. Antes de acostarme de noche, introducía una sonda hasta mi estómago y vaciaba su contenido. Como lo esperaba, me levantaba cada mañana sintiéndome mucho mejor. Seguí haciéndolo durante seis semanas. La única razón por la que lo suspendí fue porque la sonda me irritaba tanto la garganta que casi se me cierra la laringe y temí requerir una traqueotomía para respirar.

"Pero ni una vez —dijo el médico— ni una vez a lo largo de esas semanas se me ocurrió que un bebedor social ¡no tiene que bombear su estómago cada noche!"

El autoengaño y asistir a grupos de los Doce Pasos

La participación en un programa de los Doce Pasos es sumamente importante para la recuperación, aunque muchas personas se resisten a ello por la insistencia que se hace en una total abstinencia. Sin embargo, muchos alcohólicos y adictos negarán esta razón y se convencerán a sí mismos de que tienen otras razones válidas para no entrar a un grupo de AA.

Un alcohólico dijo: "No puedo ir a AA porque las reuniones se llevan a cabo a sólo una cuadra del departamento de mi ex." Convenientemente, no quiso admitir que cada semana hay reuniones en más de 140 ubicaciones diferentes en su comunidad.

Ocurre el mismo tipo de autoengaño en la codependencia, como lo ilustran los siguientes relatos.

Nunca podría asistir a Al-Anon

La esposa de un proyectista financiero me consultó respecto del alcoholismo de su esposo: "Su bebida a aumentado en forma progresiva. Ahora llega a casa del trabajo, se sienta frente a la televisión con su suministro de cervezas, y es ahí donde despierta al otro día. Hasta ahora ha logrado llegar a su oficina todas las mañanas, pero es inevitable que antes de que pase mucho tiempo ya no aparecerá en su trabajo, o llegará a su oficina intoxicado y todo se sabrá. Perderá su empleo inmediatamente."

La señora me explicó cómo, durante los últimos años,

su vida hogareña se había deteriorado debido al alcoholismo. El padre y el hijo ya no se hablaban. La pareja ya no tenía vida social ni relaciones sexuales.

Hasta ahora, la esposa del proyectista financiero había aguantado todas las consecuencias del alcoholismo, pero, como parecía estar al borde de arruinar su carrera y su modo de subsistencia, sentía que tenía que hacer algo.

Había intentado hablar con él muchas veces, pero él rechazaba sus sugerencias de ayuda, considerando que no tenía ningún problema de alcoholismo. Le dijo que si ella no estaba de acuerdo se podía ir.

Puesto que ni ella ni su hijo parecían tener ninguna influencia, no tenía caso enfrentarlo. La esposa consideraba que si lo confrontaban seguiría negándose a recibir ayuda y les pediría que se fueran de casa.

Ya que no parecía haber ningún acercamiento eficaz al marido, le sugerí a la esposa que empezara a satisfacer sus propias necesidades y que asistiera a las reuniones de AA. También dispuse que se reuniera con Robert, un contador que ahora ya estaba en un exitoso periodo de recuperación y cuya historia era casi idéntica a la de su esposo.

En esa reunión, el contador le describió cómo todos los esfuerzos de su esposa para que él dejara la bebida habían sido inútiles y cómo siguió bebiendo hasta que su alcoholismo se volvió obvio en su trabajo. Después de que lo amenazaron con despedirlo, tuvo que entrar a tratamiento. Pasó por un periodo muy difícil hasta que finalmente se estabilizó en la sobriedad.

"Mi esposa asiste hoy día a AA", dijo. "Tal vez si lo hubiera hecho desde antes, yo podría haber vuelto a mis cabales antes y mi recuperación habría sido más suave. Le sugiero que empiece a asistir a las reuniones de AA y a mi esposa le dará un enorme gusto acompañarla a su primera reunión, si quiere esta misma noche."

La mujer sacudió la cabeza. "Oh, no", dijo. "No puedo ir a AA."

"¿Por qué no?", le preguntamos.

"Porque ¿qué sucedería si alguien me reconociera y llegara a la conclusión de que mi esposo es un alcohólico? El chisme correría y mi esposo perdería a todos sus clientes. ¿Quién permitiría que su dinero fuera manejado por un alcohólico?"

Su comentario me desconcertó. "Hay algo que no entiendo", le dije. "Usted me dijo que había soportado todos los problemas que le estaba causando el alcoholismo. La única razón por la que me consultó es que siente que la exposición es inminente, que cualquier día entrará a su oficina obviamente intoxicado y que esto provocará su despido. Puesto que esto parece inminente, ¿por qué su renuncia a asistir a las reuniones de AA? Con base en lo que usted me dijo, su esposo va a llegar al fondo del abismo de una manera mucho más grave si no detiene su alcoholismo. La opinión de Robert es que la participación de su esposa en AA podría en realidad haber impedido que eso le sucediera a él."

Sin importar lo que ambos dijimos, la mujer se mantuvo en su decisión. No podía ir a AA porque sentía que podía exponer el problema. No logró darse cuenta que AA era lo único que podía hacer para ayudarse a evitar las desastrosas consecuencias que temía.

No tengo nada en común con ellos

En otro caso, el esposo de una ejecutiva que recayó después de una desintoxicación solicitó ayuda. Me comunicó que su esposa se negaba a asistir a Alcohólicos Anónimos. Después de salir del hospital había asistido a varias reuniones, pero consideraba que no eran para ella, ya que era diferente de los demás participantes; consideraba no tener nada en común con ellos.

Le dije al esposo que la reticencia de la esposa a AA no era inhabitual. Después de todo, en AA tendría que aprender a no volver a beber y que esto era lo que no deseaba escuchar.

"¿Cómo le va a usted con su programa de AA?" le pregunté.

"Yo no asisto a AA", me dijo. "Fui a dos reuniones, pero el programa no está hecho para mí. No tengo nada en común con la gente que se reúne ahí."

Señalé al marido que estaba repitiendo las mismas palabras de su esposa. Aunque la criticaba por no participar en el programa de recuperación y por sentir que era diferente de los demás alcohólicos, él evitaba su propio programa de recuperación por la misma razón.

La ansiedad ante el cambio puede ser tan intensa que las personas, como las de nuestros ejemplos, se contradicen a sí mismas.

Realizar cambios

¿A qué se debe que la gente pueda contradecirse tan flagrantemente y no ser capaz de reconocerlo aunque se les señale? En una palabra, la respuesta es negación. Gran parte

Un experimento: La dificultad de realizar cambios

Sólo por diversión intente el siguiente experimento: doble sus brazos poniendo sus manos sobre su pecho, y luego observe la posición de sus manos. Algunas personas doblan la mano izquierda sobre la derecha, otras hacen la inversa.

Después de observar lo que usted hace, desdoble sus manos. Ahora vuélvalo a hacer, y esta vez en sentido inverso, es decir, si normalmente pone su mano derecha sobre la izquierda, ponga ahora la izquierda sobre la derecha.

Es probable que observe que se siente extraño. La antigua manera es normal y relajante. La nueva puede parecer extraña y es posible que sienta que nunca podría relajarse en esta posición.

Si un simple cambio de posición de sus manos es tan desagradable, piense lo molesto que es cambiar parte de su conducta o de su estilo de vida.

de la negación que se da en el pensamiento distorsionado del adicto se debe a una intensa resistencia al cambio. Mientras la persona niega la realidad puede seguir comportándose igual que antes. La aceptación de la realidad puede comprometerla en el dificilísimo proceso de cambio.

A menudo las personas no tienen problemas con los cambios mientras éstos se den en los demás. Cuando el alcohólico dice: "No bebería tanto como lo hago si mi pareja fuera más considerada", lo que en realidad está diciendo es: "No necesito cambiar. Haga que mi pareja cambie. Entonces yo estaré bien."

Por ejemplo, los codependientes pueden buscar ayuda con ansias, pensando que los expertos les dirán qué hacer para impedir que alguien recurra a las sustancias químicas. Los decepciona enterarse de que no pueden hacer nada para alterar la conducta del adicto, de que son impotentes ante el problema. Cuando el experto les sugiere que analicen su propia conducta y que empiecen a hacer cambios en ellos mismos, a menudo retroceden. Sobre todo es probable que se sientan desalentados cuando la gente de Alcohólicos Anónimos les diga: "No venimos aquí para cambiar a nuestra pareja. Venimos para cambiar nosotros mismos."

"¿Cambiar yo?", pueden contestar. "¿Por qué debería cambiar? ¡Yo no soy el que bebe!"

Las percepciones distorsionadas

Se pueden observar muchas de las características del pensamiento adictivo en los codependientes tanto como en los adictos porque parten de un origen similar: poco amor propio.

La mayoría de los problemas emocionales que no tienen un origen físico se relacionan de una u otra manera con poco amor propio. Esto se refiere a los sentimientos negativos que tienen las personas acerca de sí mismas y que ningún hecho justifica. En otras palabras, en tanto que algunas personas tienen una percepción distorsionada de sí mismos que incluye delirios de grandeza, aquellos con poco amor propio tienen conceptos de inferioridad, de incompetencia y de poca valía. Lo que es extraño es que estos sentimientos de inadecuación a menudo son particularmente intensos en las personas más dotadas.

Si nuestra percepción de nosotros mismos es incorrecta, probablemente seremos propensos a una inadaptación. Sólo nos adaptaremos a la realidad si tenemos una percepción exacta de ella. Constituimos un componente importante de nuestra propia realidad, y si tenemos una visión irreal de nosotros mismos, percibimos una realidad distorsionada.

Todavía no he conocido a alguien dependiente de las sustancias químicas que no haya tenido sentimientos de inferioridad anteriores a su dependencia. Algunas veces se sienten inadecuados o poco valiosos en cada faceta de sus vidas, y otras se sienten muy competentes en su campo particular de experiencia, pero inadecuados e indignos como seres humanos, parejas, socios o padres.

Algunas personas reaccionan a los sentimientos de poco amor propio huyendo de los retos y de los sufrimientos de la vida por medio de las sustancias químicas, y algunos encuentran un sentimiento redentor de valía y adecuación cuando son la parte sobria y controladora o cuando sufren por una persona dependiente de las sustancias químicas.

La regla de las Tres Ces

Alcohólicos Anónimos hace suya la regla de las Tres Ces: No lo CAUSASTE, no puedes CONTROLARLO, y no puedes CURARLO. Pero muchas personas se sienten responsables de la adicción de otra, intentan controlarla y creen poder curarla.

Algunas veces parece que la persona codependiente está pensando: *Soy tan poderosa que puedo causar una adicción, o controlarla, o curarla.* Éste no es un sentimiento genuino de superioridad o arrogancia. Muy por el contrario, dichos sentimientos son a menudo una reacción defensiva en contra de sentimientos de inferioridad.

Con frecuencia las Tres Ces se relacionan con una inferioridad abiertamente reconocida. Por ejemplo, la persona codependiente piensa: *Soy la causa de la adicción de mi hija porque si hubiera sido un mejor padre (una mejor madre), no hubiera recurrido a las drogas. Si le hubiera brindado el amor y el apoyo que necesitaba, no hubiera buscado las sustancias químicas. Su adicción se debe a mi descuido. Si yo fuera una persona mejor, las consumiría menos o las dejaría.* Estos sentimientos son particularmente comunes en el codependiente cuando la otra persona se encuentra en las fases iniciales de la adicción.

Las características de autoengaño del pensamiento adictivo y de la codependencia tienen mucho en común. En ambos, a menudo se observa negación, racionalización y proyección. En ambos pueden coexistir ideas contradictorias, y hay una resistencia feroz a cambiar uno mismo y el deseo de cambiar a los demás. En ambos hay el delirio de controlar e, invariablemente, poco amor propio. Así, todas las características del pensamiento adictivo están presentes en ambos y la única característica que los distingue puede ser el consumo de sustancias químicas.

Capítulo 3

El concepto del tiempo del pensador adictivo

"**P**uedo dejarlo cuando yo quiera."
Si se hiciera un concurso de la frase más utilizada por los adictos, ésta ganaría.

Cualquiera que haya observado a los adictos sabe que "lo dejan" incontables veces y hacen innumerables resoluciones. La abstinencia puede ser de horas, de días, o, en algunos casos, de semanas. Pero, en general, antes de que pase mucho tiempo se reinicia la práctica activa de la adicción. Este círculo vicioso puede persistir durante años.

Simplemente, los adictos son incapaces de dejarlo cuando lo deseen. Para los demás es obvio, para ellos no. La familia y los amigos pueden sentirse confundidos, y se preguntarán *¿Cómo puede una persona insistir en que puede dejarlo en el momento en que lo desee cuando obviamente no es cierto?* Hasta los terapeutas experimentados, acostumbrados a este razonamiento, se preguntarán *¿Cómo es posible que una persona inteligente sea tan profundamente indiferente a la realidad? ¿Cómo es posible que los intelectuales de primer nivel, hombres y mujeres con puestos de gran responsabilidad, que pueden anali-*

zar y recordar datos científicos, no puedan sumar dos más dos en lo tocante a su consumo adictivo de sustancias químicas?

La respuesta se encuentra en la comprensión del pensamiento adictivo. Los adictos pueden no parecer tan ilógicos como los percibimos a primera vista si comprendemos una cosa: el concepto del tiempo del pensador adictivo. Pueden ser muy coherentes con ellos mismos y con los demás cuando afirman "Puedo dejarlo cuando yo quiera", pero tienen un concepto del tiempo diferente del que no es adicto.

Para todos el tiempo es variable. En ciertas circunstancias unos cuantos minutos pueden parecer una eternidad, y en otras las semanas y los meses pasan como agua.

Los adictos que afirman que pueden dejarlo en cualquier momento en realidad lo creen a pie juntillas. ¿Por qué? Porque, al abstenerse uno o dos días, el adicto lo ha dejado "un tiempo". De hecho, habiéndose abstenido a menudo durante varios días, los adictos se preguntan por qué los demás no se dan cuenta de lo obvio: que pueden dejarlo en "cualquier momento".

Se puede decir al adicto "No, es obvio que no puedes dejarlo en el momento en que lo desees". Su frase y la del adicto, aunque al parecer contradictorias, son ambas ciertas. La clave es que cada uno está empleando el *tiempo*, la palabra momento, de manera diferente.

El futuro en minutos y segundos

Para el adicto el tiempo se puede medir en minutos y segundos. Desde luego, en su búsqueda del efecto de una sustancia química el adicto piensa en términos de minutos, y no tolera la tardanza del efecto buscado. Todas las substancias que suelen emplear producen sus efectos en cuestión de segundos o de minutos.

Me he prometido hacer un día el siguiente experimento. Voy a tomar una jarra grande de vidrio y la llenaré con cápsulas multicolores. Luego haré que se corra el chisme en la calle que recibí un embarque de "chochos" de Sudamérica mejor que lo que se ha podido probar hasta ese día. ¡Porque provoca un "viaje" muy superior al de la combinación de heroína y cocaína!

"¡Guau!" dirán los adictos. "Debe ser muy caro."

"No, eso es lo mejor. Dos dólares por dosis."

"Debes estar bromeando. ¿Dos dólares?"

"Por Dios que es cierto, y es de lo mejor."

"Dame entonces cien dólares."

"Con gusto. Pero primero te tengo que decir una cosa. El viaje es el mejor del mundo, pero no te llega más que 48 o 72 horas después."

"¿Cuánto tiempo después?"

"Se requieren de dos a tres días para que se dé el viaje, pero entonces será lo mejor que hayas experimentado hasta entonces."

Los clientes se echarán para atrás. "Quién quiere esa porquería. ¡Quédatela!"

Los adictos me han dicho que no comprarían un fármaco, sin importar su gran efecto y su bajo costo, si tarda mucho en tener efecto. Parte de la adicción es que el efecto sea inmediato. Los lapsos excesivos no forman parte del marco de referencia de los adictos.

El adicto piensa en el futuro, pero sólo en términos de momentos, no de años. Cuando beben o consumen otros fármacos, piensan en las consecuencias: la sensación de calor, el sentimiento de euforia, la relajación, el desprendimiento del mundo, y tal vez el sueño. Estas consecuencias ocurren en cuestión de segundos o de minutos después de ingerir alcohol o fármacos, y estos segundos y minutos son los que constituyen el "tiempo" para el adicto. Puesto que la cirrosis, el daño cerebral, la pérdida del empleo y otras graves consecuencias son el resultado de un largo proceso y es poco probable que ocurran en cuestión de minutos, simplemente no existen en la mente de los adictos.

¿Qué tan diferente es el alcohólico del fumador, que corre el riesgo de enfrentar las consecuencias de graves problemas circulatorios, de enfermedades cardiacas, de enfisema y de cáncer? Los efectos destructivos del alcoholismo y del consumo de otros fármacos pueden ser mucho más rápidos que los del tabaquismo, pero ni al bebedor ni al fumador parecen importarles el futuro. De igual manera, los que ejercen conductas sexuales riesgosas pueden estar jugando con su salud, pero una vez más las consecuencias están en el "futuro", que no forma parte de su concepto del tiempo.

Una cultura con el concepto de tiempo del adicto

Somos parte de una cultura que valora la prestación de servicios en segundos: el correo exprés, Internet, los restaurantes de comida rápida, todos ofrecen una gratificación casi inmediata. En cierta manera, todos operamos con el concepto del tiempo del adicto.

Hemos contaminado el aire, los ríos y los océanos para obtener beneficios a corto plazo, ignorando los efectos de largo alcance. Hemos destruido los bosques y otros hábitats de especies en peligro de extinción por nuestro poco interés en entregar este mundo a las futuras generaciones. ¿Estamos ignorando el futuro, de manera muy semejante a como lo hace el adicto?

Comprender la manera en que piensa el adicto

Las personas que participan en el programa de los Doce Pasos de Alcohólicos Anónimos me mostraron cuánto prevalece la concepción errónea del tiempo en el pensamiento adictivo. A estas personas les gusta utilizar los lemas *Un día a la vez* y *Darle tiempo al tiempo* para combatir las fuerzas del pensamiento adictivo.

La gente en recuperación sabe instintivamente que una de las maneras en que tiene que cambiar su *pensamiento desagradable* es manejando su concepto distorsionado del tiempo. La mayoría se siente cómoda con la idea de que un día es una unidad de tiempo conveniente y manejable. Sin embargo, a menudo, al principio de la recuperación deben considerarse lapsos de cinco minutos y con el tiempo ir trabajando con periodos más largos.

La idea de que hay que darle tiempo al tiempo se emplea para contrarrestar la noción adictiva de que el cambio puede darse rápido, como el adicto que reza: "Por favor, Señor, dáme paciencia, ¡pero dámela de inmediato!"

Uno de mis pacientes me escribió: "Hace cuatro años me llevaron a su consultorio, totalmente golpeado, deseando morir, pero sin el valor de suicidarme... Los primeros dos años lo único correcto que hice fue no beber y asistir a las reuniones... Quiero que sepa que necesité cuatro años para finalmente sentirme diferente."

Cuando los adictos reconocen que parte de su caída era la impaciencia y están dispuestos a esperar las gratificaciones de la sobriedad, están en la senda de su recuperación. Si desean una sobriedad "instantánea" no van a ningún lado.

Los veteranos de AA consideran su sobriedad en términos de segmentos de veinticuatro horas. Celebran los aniversarios de su sobriedad pero con gran cuidado porque saben que es arriesgado pensar en términos de años y no de días. Ésa es una de las razones por las que muchos de los que están en recuperación recurren a libros de meditación que se centran en el enfoque de un día a la vez, como *Veinticuatro horas por día* y *Un día a la vez en Al-Anon*.

Un día a la vez no sólo es un lema inteligente, sino absolutamente necesario para recuperarse de una adicción, como lo ilustran las dos siguientes historias.

Nueve mil ochocientos treinta y cuatro días

En una ocasión le pregunté a un amigo que estaba en recuperación cuánto tiempo llevaba sobrio. Sacó de su bolsillo un pequeño diario y, después de hojear las páginas, levantó la vista y me dijo: "Nueve mil ochocientos treinta y cuatro días."

Le pregunté "¿Qué es eso? ¿Veinticinco, treinta años?"

Con completa sinceridad, me contestó: "Sabes, doctor, realmente no lo sé. Tal vez tú puedes permitirte pensar en términos de años, pero yo tengo que hacerlo en términos de días." Este amigo, John McHugh, murió a los 83 años, después de 43 años de sobriedad; la noche anterior a su muerte escribió en su diario el número *16,048*.

Hoy estuviste sobrio más tiempo que yo

En una ocasión, después de una reunión de AA, una mujer dijo, admirada, a John: "Debe ser maravilloso estar sobrio tanto tiempo."

John sonrió y le contestó: "Usted ha estado sobria más tiempo que yo, Elizabeth."

"¿Cómo puede decir eso?" le dijo Elizabeth. "Sólo he estado sobria dos años, y usted casi cuarenta."

"¿A qué hora se levantó hoy?" le preguntó John.

"Bueno, tengo que estar en mi trabajo a las siete; me levanto a las cinco treinta."

"Hoy no me levanté hasta las ocho, por lo que hoy usted ha estado sobria más tiempo que yo" dijo John.

Cuando los adictos y los codependientes comprenden a fondo el concepto de un día a la vez, han iniciado su recuperación. Sin embargo, deben proceder con precaución, porque la recurrencia de la distorsión del tiempo es una razón para sospechar que existe la posibilidad de una reincidencia. La dimensión del tiempo en el pensamiento es entonces una consideración importante tanto para el adicto en recuperación como para el profesional a fin de comprender y manejar las enfermedades adictivas.

Capítulo 4

Confusión de causa y efecto

En una ocasión escuché a un orador en AA describir la manera en que pensaba durante sus días de alcohólico. La irracionalidad de su pensamiento era hilarante y todos soltaron la carcajada. Se rieron aún más cuando el hombre sugirió que el pensamiento del alcohólico es tan destructivo como su alcoholismo. Para ilustrarlo, el hombre leyó las preguntas de un examen personal de alcoholismo, sustituyendo la palabra *bebida* por la de *pensamiento*. He aquí lo que leyó:

¿Es usted un pensador adictivo?

1. ¿Pierde tiempo de trabajo pensando?
2. ¿Pensar está haciendo infeliz su vida hogareña?
3. ¿Ha sentido alguna vez remordimientos después de pensar?
4. ¿Ha tenido dificultades económicas como resultado de pensar?
5. ¿Pensar lo hace descuidar el bienestar de su familia?

6. ¿Ha disminuido su ambición desde que piensa?
7. ¿Pensar le provoca dificultades para dormir?
8. ¿Ha disminuido su eficacia desde que piensa?
9. ¿Pensar pone en peligro su trabajo o negocio?
10. ¿Piensa para evitar las preocupaciones o los problemas?

El punto es que, aun a falta de sustancias químicas, el pensamiento adictivo y distorsionado provoca destrucción. Muchos pensadores adictivos llegan a sus conclusiones porque suelen invertir las causas y los efectos. Su juicio se distorsiona y, como resultado, el consumo de sustancias químicas se vuelve del todo justificado. Como lo manifiesta un alcohólico en recuperación: "Jamás en mi vida tomé una copa a menos que hubiera decidido que era lo correcto en ese momento." Aunque los pensadores adictivos tergiversan la lógica, están absolutamente convencidos de que su razonamiento es válido. No sólo oponen resistencia a los argumentos del contrario, sino que tampoco entienden porqué los demás no pueden ver lo "obvio".

La versión de un adicto acerca de la dislexia

Podemos entenderlo mejor si lo comparamos con la dislexia. Algunas personas que padecen este trastorno del aprendizaje "ven" las letras invertidas en las palabras. Se les pide que lean *gato*, y dirán TOGA O TAGO, pero están seguros de haberlo leído bien. El problema atañe a su percepción de la organización de las letras. Eso no implica poca inteligencia; la dislexia puede presentarse en personas muy inteligentes.

Sucede algo similar cuando el adicto invierte mentalmente la causa y el efecto. Por ejemplo, Felicia afirma que bebe y consume pastillas porque su vida hogareña es intolerable. Relata su percepción de la verdad. Su marido se aisló de ella, es indiferente a ella y le hace comentarios mordaces. Sus hijos se avergüenzan de ella y le faltan al respecto. Ella considera que esta tortura emocional provoca su alcoholismo. Dice: "Cuando termino de trabajar y ya terminó la excitación del día, y ya no hay nada que hacer, desde luego deseo algunos tragos."

Todos hemos visto caricaturas de un hombre que se queja con una mujer en un bar: "Mi esposa no me entiende."

MUJER: ¿Qué es lo que no entiende?
HOMBRE: No entiende por qué bebo.
MUJER: ¿Por qué bebes?
HOMBRE: Porque mi esposa no me entiende.

La actitud de la familia, la presión del trabajo, la insensibilidad del jefe autoritario, la dureza de los amigos, los ataques de ansiedad, los irritantes dolores de cabeza o de espalda, los aprietos económicos, o cualquier otro problema, cualquiera que sea la razón que el adicto da de su consumo de sustancias químicas, la fórmula siempre es la misma. El hecho es que suelen provocar los problemas, pero el adicto considera que el problema ocasiona su consumo de la sustancia química.

Aunque de hecho Felicia tiene los problemas de los que se queja, no reconoce su confusión de la causa y el efecto. La conducta de su marido, aunque desagradable, es en respuesta a su alcoholismo y su consumo de pastillas. No puede comunicarse a fondo con ella debido a su consumo de sustancias químicas. Sus hijos están molestos y avergonzados porque no pueden invitar amigos por temor a las imprevisibles payasadas de la madre. Le perdieron el respeto debido a su consumo de drogas.

Así como al disléxico le cuesta trabajo la lectura hasta que se manejan sus problemas de percepción, la que tiene el adicto de la realidad seguirá distorsionada con o sin un uso activo de alcohol o de otras drogas a menos de que se corrija el proceso del pensamiento adictivo.

Capítulo 5

Orígenes del pensamiento adictivo

¿Cómo se desarrolla el pensamiento adictivo? ¿Porqué algunas personas tienen procesos de pensamiento sanos y otros distorsionados?

No tenemos todas las respuestas, porque la dependencia química es una enfermedad compleja que resulta de una intrincada mezcla de factores físicos, psicológicos y sociales. Comprender cómo se desarrolla el pensamiento adictivo puede ser útil para prevenir dicho pensamiento, el alcoholismo y otras adicciones a fármacos. Sin embargo, tiene un valor limitado en el tratamiento y el manejo inverso del pensamiento adictivo.

La incapacidad de razonar con uno mismo

La teoría más convincente de cómo se desarrolla el pensamiento adictivo fue presentada en un artículo del doctor David Sedlak de 1983. Describe el pensamiento adictivo como la incapacidad de la persona de *tomar decisiones sanas por sí misma*. Señala que no es una deficiencia moral de la fuerza de voluntad de la persona, sino más bien una *enfermedad de la voluntad* y la incapacidad de usarla. Sedlak subraya que este trastorno del pensamiento único no afecta otros tipos de razonamiento. Así, la persona que desarrolla un trastorno del pensamiento puede ser inteligente, intuitiva, persuasiva y capaz de un razonamiento filosófico y científico válido. La peculiaridad del pensamiento adictivo, dice, es la imposibilidad de *razonar con uno mismo*. Esto se puede aplicar a diversos problemas emocionales y conductuales, pero invariablemente se encuentra en la adicción: alcoholismo, otras adicciones a fármacos, juego compulsivo, adicción sexual, trastornos alimenticios, adicción a la nicotina y codependencia.[1]

¿Cómo se desarrolla esta incapacidad de razonar con uno mismo? Para comprenderla debemos reconocer primero cómo se presenta la capacidad de razonar con uno mismo. Según Sedlak, requiere de ciertos factores. Primero, la persona debe disponer de elementos adecuados acerca de la realidad. Aquel que desconoce el daño que puede provocar el alcohol u otros fármacos no puede razonar correctamente acerca de su uso.

Segundo, la persona debe tener ciertos valores y principios como fundamento para hacer elecciones. Las personas adquieren estos valores y principios en su cultura y en su hogar. Por ejemplo, el joven que crece con valores familiares o culturales que estipulan que el hombre demuestra su masculinidad cuando es capaz de soportar un fuerte con-

[1]David Sedlak, M.D., "Childhood: Setting the Stage for Addiction in Childhood and Adolescence", en *Adolescent Substance Abuse: A Guide to Prevention and Treatmente*, ed. Richard Isralowitz y Mark Singer (Nueva York: Haworth Press, 1983).

sumo de alcohol, beberá en exceso. No poder vivir de acuerdo a esas expectativas puede generar una profunda decepción.

Tercero, la persona debe desarrollar un concepto de sí misma sano, no distorsionado. El psiquiatra Silvano Arieti sugiere que los niños pequeños se sienten muy inseguros y amenazados en un mundo inmenso y abrumador. Una de las principales fuentes de seguridad de los niños es su confianza en los adultos, sobre todo en sus padres. Si los niños piensan que sus padres y otros adultos significativos son irracionales, injustos y arbitrarios, la ansiedad es intolerable. Por consiguiente, deben mantener, sin importar el costo, la convicción de que el mundo suele ser ameno, justo y racional.

Es cierto que el mundo no es ni ameno, ni justo, ni racional. Sin embargo, los niños no pueden verlo de esa manera. Concluyen más bien que, como el mundo debe serlo, su percepción es defectuosa, y piensan *No soy capaz de juzgar las cosas correctamente. Soy estúpido.*

De igual manera, aún si los niños son maltratados o castigados injustamente, puede que no sean capaces de pensar *Mis padres están locos. Me castigan sin razón válida.* Éste sería un concepto demasiado aterrador para que les fuera tolerable. Para preservar la noción de que sus padres son racionales y pronosticables, su única opción es concluir: *Seguro soy malo para haber sido castigado de esta manera.*

Por último, llegamos a este mundo como infantes indefensos, incapaces de hacer muchas de las cosas que hacen los mayores. Con una buena crianza y un entorno propicio, superamos en gran medida esa sensación de impotencia a medida que crecemos.

Algunas veces los padres exigen de sus hijos pequeños

cosas de las que son incapaces, y es posible que sientan que deberían ser capaces de hacerlas, y esto puede provocar que se sientan inadecuados. Por otro lado, los padres pueden hacer demasiado por sus hijos, sin permitirles que ejerciten sus propios músculos. Dichos niños no tendrán la oportunidad de desarrollar una confianza en sí mismos. La paternidad y maternidad exitosa requiere que se sepa lo que los niños pueden y no pueden hacer en las diversas etapas de su desarrollo, y los padres deben fomentar que sus hijos emplean sus capacidades.

Es importante que los padres se interesen en las tareas de sus hijos, y hasta que les ayuden. Sin embargo, cuando los padres hacen las tareas, refuerzan la convicción de incapacidad del hijo. Incidentalmente, cuando hacen gran parte de lo que el niño puede hacer por sí mismo, actúan de manera codependiente. Al niño que dice "No puedo resolver problemas matemáticos" y se le permite no esforzarse por hacerlos, en realidad se le confirma su sensación de inadecuación.

A medida que los niños crecen, estas concepciones erróneas pueden seguir tiñendo su pensamiento y conducta, por lo que sentirán que son malos y no merecen las cosas buenas. O bien considerarán que su juicio es muy defectuoso, lo que permite a los demás influir en ellos fácilmente.

La persona puede sentirse mal o carente de valor, aunque esto esté en total contradicción con la realidad. Sentirse inseguro e inadecuado hace al individuo más vulnerable al escapismo, que con tanta frecuencia se ejerce por medio de fármacos que alteran el estado de humor. La persona se siente diferente del resto del mundo, como si no perteneciera a ningún lugar. El alcohol y otros fármacos, u otros objetos de adicción, anestesian el dolor y le permiten sentirse parte del "mundo normal". De hecho, muchos alcohólicos y otros adictos aseveran que no buscan un "viaje", sino sólo sentirse normales.

Muchas distorsiones del pensamiento no se relacionan necesariamente con el consumo de sustancias químicas. Por ejemplo, el miedo al rechazo, la ansiedad, el aislamiento y la desesperación suelen ser resultado de poco amor propio. Muchos de los subterfugios del pensamiento adictivo son defensas psicológicas en contra de estos sentimientos dolorosos y los síntomas se deben a la persistencia de una imagen distorsionada de sí mismo que se inició en la niñez.

Capítulo 6

Negación, racionalización y proyección

Los tres elementos más comunes del pensamiento adictivo son (1) la negación, (2) la racionalización y (3) la proyección. Aunque quienes están familiarizados con el tratamiento de las adicciones son conscientes de la frecuencia de estos rasgos en los adictos, se justifica que los exploremos más en detalle. La eliminación progresiva de estas distorsiones es la clave para que mejoren los adictos en recuperación.

El término *negación*, como se emplea aquí, puede ser mal comprendido. En general, negar algo que sucedió en realidad es considerado una mentira. En tanto que la conducta adictiva implica muchas mentiras, la negación en el pensamiento adictivo no significa mentir, que es una distorsión intencional y consciente de los hechos o un ocultamiento de la verdad. El mentiroso sabe que está mintiendo. La negación del pensador adictivo no es ni consciente ni intencional, ya que es posible que crea sinceramente que está diciendo la verdad.

La negación y, por lo mismo, la racionalización y la proyección son mecanismos inconscientes. Aunque a menudo son distorsiones burdas de la verdad, son una verdad para el adicto. La conducta del adicto se puede entender sólo a la luz de la naturaleza inconsciente de esos mecanismos. A esto se debe que sea ineficaz enfrentar la negación, la racionalización y la proyección con hechos que las contradigan.

Algunas fobias son el resultado de una percepción defectuosa. Por ejemplo, el niño pequeño al que asusta un perro puede desarrollar un temor a los perros y muchos años después presentará una reacción de pánico cuando se le acerque un cachorro inofensivo. Aunque físicamente lo que ve es un minúsculo cachorro, la percepción psicológica es la de un perro feroz a punto de atacarlo. En otras palabras, mientras la percepción consciente es la de un cachorro, la inconsciente es la de un monstruo. Las respuestas emocionales se relacionan a menudo con una percepción inconsciente más que consciente.

El papel de las percepciones erróneas

Los adictos reaccionan conforme a sus percepciones inconscientes. Si fuesen válidas su conducta sería perfectamente comprensible. A menos de que podamos mostrarles que su percepción es errónea, no debemos esperar que sus reacciones y conducta cambien.

Debido a la importancia que tiene el amor propio en la enfermedad adictiva, en el adicto la percepción errónea de sí mismo es su mayor problema. En realidad, todas las demás percepciones distorsionadas son secundarias.

Virtualmente, todos los mecanismos de defensa del adicto son inconscientes, y su función es protegerlos de una conciencia intolerable, inaceptable y catastrófica.

No debe sorprender que los mecanismos de defensa psicológicos puedan operar sin una percepción consciente. Desde luego, las defensas físicas funcionan sin una percepción cognoscitiva de su función. Por ejemplo, cuando experimentamos una lesión, aunque sea una minúscula cortada, nuestro sistema adopta una postura defensiva para evitar que la lesión ponga en riesgo nuestra vida. Las células blancas de regiones remotas del organismo destruyen las bacterias que entran al organismo, y la médula ósea empieza pronto a producir decenas de miles de células blancas más para luchar en contra de la infección. Las plaquetas y otras sustancias coagulantes de la sangre van formando un coágulo para evitar la pérdida de sangre. El sistema inmune es alertado y empieza a producir antitoxinas para luchar contra los organismos productores de enfermedad. Toda esta compleja actividad ocurre sin que estemos conscientes de lo que sucede en nuestro interior. Aunque sepamos qué está ocurriendo, no podemos detenerla.

Los mecanismos de defensa psicológicos no son diferentes: no entran en acción por una orden nuestra. No estamos conscientes de su operación y, a menos de que los perciba durante su recuperación, el adicto no puede detenerlos. Por consiguiente es inútil y absurdo decir a los alcohólicos o a los que padecen adicciones que "dejen de negar", que "dejen de racionalizar" o que "dejen de proyectar", cuando no están conscientes de que lo están haciendo. Primero debe ayudárseles a descubrir lo que está sucediendo.

Durante mi internado, una paciente me ayudó a entender la naturaleza defensiva de la negación inconsciente.

Eso no podía sucederme a mí

La paciente, una mujer de cincuenta años, fue internada en el hospital para una cirugía exploratoria debido a la sospecha de la presencia de un tumor. Informó al médico que participaba activamente en los asuntos de la comunidad y había asumido muchas responsabilidades importantes. Aunque el tumor podía significar cáncer, para ella era importante saber la verdad, pues sería deshonesto hacia muchas personas y organizaciones que siguiera teniendo responsabilidades si su salud se deterioraba. El médico le prometió ser franco y revelarle lo que se descubriera en la cirugía.

La cirugía reveló que en efecto tenía un tumor canceroso. Obedeciendo a la solicitud de una total honestidad, el médico tuvo una charla franca con la paciente, y le indicó que había que extirpar el tumor maligno para detener el cáncer. Además, debido a que el tumor mostraba algunos indicios de haberse extendido, la paciente tendría que someterse a quimioterapia.

Agradeciendo al médico su honestidad, ella aceptó colaborar en todo tratamiento que se le recomendara. Hablaba libremente con las enfermeras y el personal acerca de su cáncer.

Tras de ser dada de alta del hospital, volvió cada semana a sus sesiones de quimioterapia. A menudo comentaba al personal del hospital lo afortunada que era de estar viviendo en una época en que la ciencia ofrecía un tratamiento exitoso para el cáncer. Parecía estar adaptándose bien tanto física como emocionalmente.

Sin embargo, cinco o seis meses después de su cirugía empezó a presentar varios síntomas. El cáncer se había extendido a pesar de la quimioterapia. A la larga presentó jadeos y graves dolores en articulaciones y fue internada para un tratamiento. Cuando estaba haciéndole su hoja de admisión, me comentó: "No entiendo qué está mal con ustedes, los médicos. He estado viniendo con regularidad y no han podido descubrir qué me sucede."

El comentario me sorprendió, puesto que en repetidas veces me había dicho que tenía cáncer. Después de pensarlo me di cuenta de que mientras considerara el cáncer como una especie de concepto abstracto que no presentaba una amenaza inmediata para su vida, podía aceptar el diagnóstico. En cuanto el padecimiento empezó a provocar dolor y jadeo, evidencias concretas de que se estaba deteriorando, se sintió tan amenazada que su sistema psicológico se negó a aceptar la verdad. No estaba mintiendo o fingiendo intencionalmente; en realidad no creía tener cáncer.

La negación como defensa

Si consideramos la negación como una defensa, la pregunta obvia es ¿una defensa ante qué? En el caso mencionado la mujer no podía aceptar la idea devastadora de tener una enfermedad fatal y de que pronto terminaría su vida.

En el caso del adicto, ¿qué es tan aterrador que su sistema psicológico opta por negar la realidad? La respuesta es que la conciencia de ser un alcohólico o un drogadicto va más allá de la aceptación. ¿Por qué?

- La persona puede sentir el estigma de ser calificada de alcohólica o de adicta.
- Puede considerar que su adicción indica una debilidad de su personalidad o una degeneración moral.
- Puede pensar que la aterra el no poder recurrir de nuevo al alcohol o a otras drogas.
- Puede no aceptar el concepto de impotencia y falta de control.

Puede ser una combinación de estas y otras razones, pero para el adicto aceptar el diagnóstico de adicto es igual de devastador que para la mujer la verdad de su cáncer. Hasta que superan la negación, los adictos no mienten cuando afirman no depender de las sustancias químicas. En verdad no están conscientes de su dependencia.

La racionalización y la proyección cumplen por lo menos dos funciones importantes: (1) refuerzan la negación y (2) mantienen el *status quo*.

La racionalización

La *racionalización* significa dar "buenas" razones en lugar de la razón verdadera. Al igual que la negación, esta defensa no es exclusiva de las personas que dependen de sustancias químicas, aunque los adictos pueden ser muy adeptos a ella. Señalemos que la racionalización significa dar razones buenas, es decir, probables. Esto no implica que todas las racionalizaciones son buenas razones. Algunas son realmente estúpidas, pero pueden sonar razonables. Las racionalizaciones desvían la atención de las razones verdaderas, y no sólo la atención de los demás sino también la del adicto. Como en el caso de la negación, la racionalización es un proceso inconsciente, es decir, la persona no sabe que está racionalizando.

Una regla empírica bastante confiable es que, cuando las personas dan más de una razón para hacer algo, tal vez están racionalizando. En general la verdadera razón de algo es una.

Como parecen razonables, las racionalizaciones son muy engañosas y cualquiera puede caer en ellas.

Una mujer que se graduó de contadora era renuente a solicitar un empleo prometedor porque temía ser rechazada. Sin embargo, las razones que dio a su familia fueron diferentes: (1) tal vez están buscando a alguien con años de experiencia; (2) la oficina está demasiado lejos para tener que ir hasta allá diario; y (3) el sueldo inicial no es satisfactorio.

Un alcohólico en recuperación dejó de asistir a AA. ¿Sus razones? "Trabajo en un centro de rehabilitación y veo alcohólicos y adictos todo el día. Realmente no necesito otra hora con ellos de noche." Aunque su razón puede parecer creíble, la verdadera razón por la que evitaba AA era que deseaba volver a beber y asistir a AA se lo dificultaría.

La racionalización refuerza la negación. El alcohólico puede decir: "No soy alcohólico. Bebo porque..." Para el adicto, una razón al parecer válida de que beba significa que no es adicto.

La racionalización también protege el *status quo*, permitiendo que el adicto sienta que no lleve a cabo los cambios necesarios es aceptable. Esta característica del pensamiento adictivo puede operar mucho tiempo después de que haya superado la negación y sea abstemio. La historia de Brian es un ejemplo de la manera en que la racionalización protege el *status quo*.

El amor perdido

Brian, un hombre de 29 años, me consultó dos años después de haber terminado el tratamiento para su dependencia de las sustancias químicas. Aunque lograba mantenerse abstemio con éxito, se encontraba en un impase. Había abandonado sus estudios universitarios y no lograba conservar su empleo. En general trabajaba muy bien, pero abandonaba el empleo en cuanto su rendimiento lo llevaba a una mejor posición o a mayores responsabilidades.

Brian afirmaba saber exactamente cuál era su problema. Estaba enamorado de Linda y se habían comprometido. Pero los padres de Linda se opusieron a su matrimonio y la convencieron de terminar con esa relación.

Aunque eso había sucedido más de cinco años atrás, Brian seguía amando a Linda y no había podido superar el rechazo. Todavía lamentaba la pérdida, dijo, y lo que no le permitía avanzar era su continuo apego a Linda.

Por dolorosos que puedan ser los rechazos románticos, a la larga las personas los superan. ¿Por qué Brian era diferente?

Durante varias sesiones Brian y yo intentamos analizar su relación con Linda y su reacción al rechazo. Le propuse una variedad de teorías, todas las cuales parecían lógicas, pero tanto Brian como yo sentimos que no se ajustaban a él.

Una noche, después de una sesión con Brian, soñé que estaba en un bote de remos. De niño me gustaba mucho remar, pero como no sabía nadar no se me permitía salir en bote sin la presencia de un adulto. Entonces, iba al muelle

en el que estaban anclados los botes, y, con el bote bien amarrado al muelle, me daba vuelo remando. No había mucho
peligro porque el bote no podía alejarse. Mientras remaba,
imaginaba que llegaba al otro lado del lago y descubría una
tierra hasta entonces desconocida. Plantaría la bandera
norteamericana en esa nueva frontera como lo habían hecho los exploradores. Era una fantasía bastante normal para
un niño de 10 años.

Cuando desperté la situación de Brian fue para mí trans-
parente como un cristal. En mi caso, no se me impedían
mis aventuras por estar amarrado al muelle. *Necesitaba* la
atadura porque era mi seguridad.

La situación de Brian era similar. Por alguna razón era
terriblemente inseguro. Por un lado, el ir a la universidad o
aceptar un ascenso en su empleo podía dar como resultado
un fracaso, y no deseaba aceptar ese riesgo. Por el otro lado,
no podía encarar el hecho de que su estancamiento se debía a su aprehensión, porque equivaldría a admitir que no
era lo bastante agresivo o valiente.

Lo que Brian hacía era similar a lo que yo había hecho
con el bote. Así como yo me amarraba al muelle, Brian se
había atado a un acontecimiento de su vida que sentía que
lo retenía. Como ser rechazado es doloroso y deprimente,
y que a menudo las personas pierden su motivación e ini-
ciativa después de un rechazo amoroso, la razón era perfectamente razonable para Brian y quienes lo rodeaban.
Pobre Brian. ¿No es una pena lo que le sucedió? El pobre chico no
puede reponerse de su amor no correspondido.

Atribuir su problema al rechazo de Linda era una
racionalización. Era una buena explicación de por qué no
podía triunfar en la vida, pero *no era la verdadera razón.* Los
esfuerzos para comprender por qué su relación le impedía

resolver su pena eran inútiles debido a que partían de una falsedad. Al igual que otras racionalizaciones, "el rechazo de Linda" era una pantalla de humo.

La verdad es que Brian no quería enfrentar sus inseguridades y sus ansiedades. Sólo después de que yo me negara a que hablara de Linda, y en su lugar me centrara en su necesidad de enfrentar el reto de seguir adelante con su vida, Brian empezó a llevar a cabo los cambios que había estado evitando.

El dolor

Sorprendentemente, el dolor físico puede ser un tipo de racionalización. No es raro ver a personas adictas a medicamentos contra el dolor que dicen no poder dejar de tomarlos debido a graves dolores. A menudo han pasado por una o varias cirugías y se volvieron adictas a los medicamentos que tomaron para el dolor persistente después de la cirugía. Las personas con este tipo de consumo de fármacos no se consideran adictas. "Nunca he salido a comprar un enervante. Necesito los medicamentos porque el dolor es insoportable. Si pudiera deshacerme del dolor, no los consumiría."

En estos casos, el examen hecho por los médicos no suele revelar una causa física del dolor persistente y se dirá a esos pacientes: "Usted no padece un verdadero dolor. Todo está en su mente." A menudo se les acusa de fingir o de simular una enfermedad.

Lo que en general no se reconoce es que la mente inconsciente puede producir dolor, verdadero dolor, que lastima tanto como una pierna fracturada. Aunque algunos adictos fingen dolor para obtener los fármacos que desean, también es posible que alguien padezca un dolor crónico que no es fingido, pero si es producto de la adicción.

En cierto sentido las personas con este tipo de dolor están racionalizando. Aunque no están fabricando excusas, en esencia su inconsciente lo está haciendo por ellos. Debido a que su organismo ansía fármacos, la mente inconsciente produce dolor. Lo que todas estas personas sienten es dolor, y exigen alivio. Por desgracia, muchos médicos se sienten impulsados a responder a sus demandas y siguen recetando medicamentos.

Los adictos con un dolor crónico son un reto para el tratamiento, aunque muchos han sido atendidos con éxito. Una joven que tenía una severa adicción a los narcóticos debido a un persistente dolor de espalda hoy ha dejado los fármacos. Cuando se le pregunta cómo maneja ahora su dolor sin fármacos, contesta: "¿Qué dolor?"

La proyección

La *proyección* significa culpar a otros de cosas de las que en realidad somos culpables nosotros mismos. Al igual que la racionalización, la proyección cumple con dos funciones:

1. Refuerza la negación.
- "No soy alcohólico. Ella me hace beber."
- "Si tuvieras a mi jefe, también tú recurrirías a los fármacos."
2. Ayuda a proteger el *status quo*
- "¿Por qué tengo que cambiar? Yo no soy el que tiene

la culpa. Cuando los demás hagan los cambios adecuados no necesitaré beber ni consumir drogas."

Acusar a otro parece permitir al adicto evitar la responsabilidad de cambiar. "Mientras me hagas esto, no puedes
esperar que cambie." Puesto que es poco probable que los
demás cambien, la bebida o el consumo de fármacos se per-
petuará.

Suele ser infructuoso intentar convencer a los adictos
de que sus argumentos no son válidos. Puesto que la proyección adictiva sirve sobre todo para mantener el consumo de sustancias químicas, desaparecerá por sí misma cuando se logre la sobriedad. El mejor enfoque que se puede
tomar es recordarles a los adictos: "No puedes cambiar a
nadie salvo a ti mismo. Trabajemos para llevar a cabo los
cambios sanos que tú puedes realizar."

Los adictos, como otras personas con problemas psicológicos, pueden culpar a sus padres de sus fracasos, algo
que la psicología popular ha fomentado involuntariamente.
Algunos adictos pasan incontables horas repitiendo el pasado y tienden a emplear esa información para caer en la
compasión de sí mismos y para justificar su recurso a las
sustancias químicas. He descubierto que es útil decir: Aunque seas producto de lo que hicieron tus padres contigo,
como lo dices, es tu culpa. No podemos deshacer el pasado.
Entonces, nos vamos a centrar en llevar a cabo los cambios
necesarios para mejorar tu funcionamiento."

Estos tres importantes elementos del pensamiento
adictivo, la negación, la racionalización y la proyección, deben ser considerados en cada etapa de la recuperación. Pueden estar presentes en capas, como las pieles de las cebollas.
A medida que se retira una capa de negación, de racionaliza-

ción y de proyección, se descubre otra debajo. La eliminación progresiva de estas distorsiones de la realidad permite una mejoría durante la recuperación.

Capítulo 7

El manejo del conflicto

S e ha dicho que la diferencia entre psicosis y neurosis es que el psicótico dice: "Dos más dos es igual a cinco", en tanto que el neurótico dice: "Dos más dos es igual a cuatro, y no lo tolero."

El no adicto acepta que dos más dos es igual a cuatro y se ajusta a ello sin dificultades. El adicto también se puede ajustar bien, a veces. Pero en otras ocasiones la sustancia química lo vuelve psicótico, y en otras neurótico. Cuando la realidad parece demasiado insoportable, el adicto ni se ajusta a ella ni la desecha en su imaginación. Más bien recurre a las sustancias químicas e ignora la realidad.

Con la abstinencia el adicto debe enfrentar la realidad sin el escape que le brindan las sustancias químicas. Puede que esto nos ayude a comprender por qué a veces las familias de los adictos, que durante mucho tiempo solicitaron que el adicto dejara de consumir sustancias químicas, se decepcionan cuando finalmente deja de ingerirlas. En realidad puede ser más difícil vivir con el adicto abstemio que no ha recibido ayuda para superar el pensamiento adictivo que con el que sigue siendo consumidor. Algunas familias han llegado a inducir al adicto de nuevo a la bebida o a las drogas.

En oposición al sentido común, los adictos no tienen más problemas en su vida que cualquier otra persona, es decir, antes de que el consumo de sustancias químicas complique todas las cosas. Una vez establecida la adicción, la mente confundida puede generar una increíble cantidad de conflictos. La causa de la dependencia química no son conflictos abrumadores, sino la distorsionada percepción del adicto, que vuelve inaceptable la realidad.

Una imagen distorsionada de sí mismo

La principal distorsión se da en la imagen que tiene el adicto de sí mismo. De una u otra manera, se siente muy inadecuado.

- Una joven drogadicta no saldrá con chicos ni se mirará en el espejo porque se considera fea.
- El hombre que depende de las sustancias químicas y es autor de un libro de texto sobre patología médica se pone muy ansioso al dar una plática a médicos porque teme que alguien esté en desacuerdo con él, aunque sea una autoridad reconocida internacionalmente.
- Una juez alcohólica y muy experimentada vive aterrada al pensar que lo que está haciendo no basta.

Cuando las capas de revestimiento se descarapelan, se descubre que el adicto tiene muy poco amor propio. Si no se corrige su distorsionado concepto de sí mismo, el pensador adictivo sentirá que le es difícil o imposible proseguir su recuperación y puede desarrollar una psicosis, una neurosis o una adicción sustituta.

La concepción errónea que los adictos tienen de sí mismos precede al desarrollo de una dependencia de sustancias químicas, a veces por varios años. El poco amor propio que se presenta con el consumo de sustancias químicas es diferente: no se relaciona con una concepción errónea de la realidad.

Cambio de una imagen negativa de sí mismo

Susan, una maestra de 37 años, fue internada para un tratamiento después de una tentativa de suicidio. Acababa de perder su empleo debido a su alcoholismo. Había intentado ocultar su aliento alcohólico bebiendo extracto de vainilla, pero su disfunción progresó y la llevó a ser despedida.

Susan se encontraba muy deprimida y se devaluaba mucho. Cuando le pedí que me mencionara algunas de las cualidades de su personalidad, no pudo encontrar características redentoras de sí misma.

Entonces le señalé que se había graduado *summa cum laude* y había ganado el premio Phi Beta Kappa. "Por lo menos me habrías podido decir —le dije—, que eres intelectualmente brillante. Después de todo, esos premios no se dan a los estúpidos."

Susan sacudió la cabeza tristemente. "Cuando se me dijo que había ganado el premio Phi Beta Kappa, supe que se habían equivocado."

Cambiar la imagen negativa de sí mismo, el poco amor propio que precede al consumo de sustancias químicas, requiere que el adicto llegue a admitir que es una persona adecuada. Es un reto importante para aquel cuya vida está en ruinas. Y debemos recordar que no sólo el poco amor propio de esta persona "en ruinas" necesita ser corregido, sino también el del individuo "pre en ruinas". Muchos adictos buscan fugarse a través de las sustancias químicas porque sienten que no pueden salir adelante de sus problemas. Deben aprender que tienen capacidades de adaptación sanas. La siguiente historia muestra cómo, muy en el fondo, ya está presente la capacidad de enfrentar los conflictos.

Estar consciente de lo que ya está ahí

En una ocasión, cuando preparaba mis pagos mensuales, me sentí muy molesto al descubrir que no tenía bastante dinero en mi cuenta de cheques. Me estrujé la mente para dilucidar en qué se me había ido el dinero, pero sin resultados. Me quedaban las siguientes opciones: (1) solicitar un préstamo o (2) permitirme no pagar las cuentas ese mes. Ninguna de las opciones era agradable, pero preferí la segunda.

Unos diez días después llegó mi estado de cuenta y me sorprendió agradablemente descubrir que tenía más dinero del que pensaba. Simplemente había olvidado anotar un depósito. No había razones de que hubiera estado tan molesto o de que pidiera un préstamo.

Mi problema fue que, aunque disponía de los fondos necesarios para pagar mis cuentas, no lo sabía. Mi percepción de la realidad fue incorrecta. Tenía que estar consciente de no necesitar un préstamo.

De igual manera, el pensador adictivo necesita llegar a estar consciente de aquello de lo que ya dispone. Invariablemente tendrá la capacidad de manejar los conflictos, en cuanto se dé cuenta de que tiene las habilidades que requiere.

¿Cómo convencemos a las personas con poco amor propio de que son valiosas? Debemos empezar por tener la convicción de que lo son. Si las valoramos como seres humanos valiosos, podemos asumir sin peligro que les transmitiremos nuestros sentimientos. Los cumplidos vacíos y las simples alabanzas carecen de valor, pero siempre debemos estar alerta para identificar los rasgos positivos de su pasado y presente, y darles razones para sentirse orgullosos de sí mismos. En general, las personas son bastante adeptas a señalar los defectos de los demás. Al tratar con adictos, debemos hacer justamente lo contrario.

Con los adictos es muy complicado superar su concepción errónea de la realidad. El que ahora tiene, digamos, 42 años puede haber dudado de sí mismo desde que tenía tres años. Se necesitarán mucho tiempo y esfuerzos para modificar esa concepción errónea. Recordémoslo: para el adicto esa concepción falsa es la realidad.

La regla y/o

El pensamiento adictivo también se caracteriza a menudo por una rigidez de pensamiento, lo que podemos llamar la "regla y/o". Es posible que el adicto piense sólo en los extremos y le sea difícil comprender que se necesita flexibilidad para resolver los problemas.

Por ejemplo, un esposo en reciente recuperación podrá no saber si tiene que decidir divorciarse o seguir con su esposa. Podría intentar una separación temporal mientras empieza a trabajar con su sobriedad y su esposa recibe asesoramiento, pero es probable que esta alternativa nunca se le ocurra.

Esta falta de flexibilidad o de considerar alternativas provoca mucha frustración, porque la mayoría de la gente no se siente cómoda con elecciones extremas. No se ha logrado definir porque al pensador adictivo no se le ocurren otras opciones o posibilidades intermedias entre los extremos.

Con todo, la lógica del adicto no parecer ser defectuosa. Si sólo tuviera dos elecciones, ambas inadecuadas, se justificaría su frustración. Podría engañarnos si no tuviéramos conciencia del pensamiento adictivo y compartiríamos su frustración cuando surgen los conflictos. Estar alerta ante esto debe permitirnos ayudar al adicto a encontrar las soluciones apropiadas.

Capítulo 8
La hipersensibilidad

P ara comprender mejor las actitudes y reacciones del adicto, es importante saber de dónde procede la persona. Podemos entender las reacciones sumamente raras de una persona ante ciertas experiencias sólo si conocemos las condiciones que rodearon dicha experiencia.

Si tuviéramos que ver a alguien reaccionar con ira ante lo que parece un contacto apenas notorio, digamos, el roce de alguien en un elevador, tal vez nos podríamos preguntar, *¿Qué le pasa a esta persona?*, de quien pensaremos que tiene una tolerancia muy limitada. Pero lo más probable es que consideremos que su reacción es injustificada.

Mientras un bronceado es aparente para todos los que pueden ver, las sensibilidades emocionales de la gente no lo son. Por consiguiente, es posible que no entendamos una reacción intensa si desconocemos las sensibilidades peculiares de la persona.

A menudo me he preguntado por qué algunas personas recurren al consumo de alcohol o de otras drogas para sentirse mejor y otras no. Las diferencias genéticas y fisiológicas de las personas tienen un papel importante en el desarrollo de las adicciones. Pero desde luego no son toda la respuesta.

Un consuelo para los sentimientos de aflicción y malestar

Aunque muchas personas ingieren alcohol y otros fármacos para excitarse, muchas otras recurren a las sustancias químicas sólo para sentirse normales. Para estos dependientes de las sustancias químicas, el alcohol y otros fármacos son anestésicos emocionales, ya que buscan consuelo para sus sentimientos de aflicción y malestar.

Naturalmente la vida de casi todo el mundo pasa por una multitud de circunstancias estresantes. Pero la mayoría de la gente no consume alcohol u otras drogas para enfrentar sus aflicciones.

Algunas personas parecen tener mayor sensibilidad al estrés, por lo que experimentan el malestar emocional con más agudeza que las demás. Muchos adictos son emocionalmente hipersensibles y tal vez tienen emociones más intensas que los no adictos. Quienes dependen de las sustancias químicas suelen parecer casi inmoderadamente sensibles, con emociones de una intensidad extrema. Cuando aman, lo hacen con intensidad, al igual que cuando odian.

La sensibilidad emocional del adicto puede ser similar a la piel hipersensible de la víctima de una quemadura del sol. El estímulo que tal vez no provoque dolor emocional en el no adicto originará una gran aflicción en el adicto.

Muchos adictos son solitarios. En la normalmente parecen ser antisociales y gozar su soledad, pero eso no es necesariamente cierto. Los seres humanos por naturaleza ansían la compañía. El solitario no goza en realidad el aislamiento, pero lo atemoriza menos que la compañía. Convivir con gente expone al adicto al rechazo, que para él es devastador. Con frecuencia anticipa el rechazo, cuando cualquier otro ni siquiera pensaría en él.

Irónicamente, la anticipación del rechazo puede resultar un tormento de suspenso, que llega a ser tan intolerable que el adicto se vuelve ofensivo y provocativo, dando pie al rechazo para deshacerse del suspenso. En otros momentos, los adictos intentan evitar el rechazo aferrándose y siendo posesivos. Así, en los adictos suelen observarse aislamiento social, conducta ofensiva y celos fanáticos.

Ya mencioné que la lógica adictiva y distorsionada no siempre es consecuencia del consumo de sustancias químicas, pero a menudo lo precede. Lo mismo vale en lo tocante a la hipersensibilidad emocional.

No pertenecía a todos ustedes

Después de 19 años en recuperación, un hombre dijo en una charla de AA: "Cuando tenía unos nueve años de edad empecé a sentirme diferente de todos los demás. No puedo decir por qué, pero así era. Si entraba a una habitación llena de gente, sentía que no pertenecía a todas esas gentes, y no me sentía bien. Simplemente no era mi lugar. Años después, cuando tomé mi primer trago, de repente sentí que el mundo armonizaba conmigo. Pertenecí."

Este ejemplo ilustra vívidamente los intensos sentimientos de ser diferente que la mayoría de los adictos experimenta antes de consumir su primera droga.

La quemadura del sol puede ser muy sensible. Aunque el tacto de alguien más provoca un dolor agudo, no suele haber, en ese roce, intención de daño. Sin embargo, los adictos hipersensibles a menudo ignoran su excesiva sensibilidad emocional, por lo que perciben una intención hostil en actos o comentarios inocentes y pueden reaccionar en conformidad.

Cuando observemos las reacciones de una persona en función de una lógica adictiva, recordemos el ejemplo del que padece una quemadura del sol. Puede ayudarnos a comprender mejor.

Capítulo 9

Las expectativas mórbidas

A menudo los pensadores adictivos, sin razón lógica, sienten aprensión, anticipan desastres.

En este mundo suceden cosas buenas y malas. La mayoría de las personas pasan por ambas. Los adictos no son los únicos que se preocupan y anticipan sucesos negativos, pero tienden a hacerlo con más frecuencia que los demás.

Algunas personas son optimistas. Cuando ven un montón de estiércol, buscan un caballo. Otras son pesimistas. Cuando ven una preciosa cubierta de atractivos platillos, se preocupan de que estén envenenados. No siempre es fácil descubrir por qué la gente desarrolla actitudes tan opuestas.

Muchos adictos son incapaces de ver lo bueno de las cosas buenas. Los pensadores adictivos parecen llevar a cuestas un sentimiento mórbido de que carecen de suerte. Por un lado, temen que todo aquello que parece funcionar bien a la larga falle. Algunos presentan la norma de llegar hasta el umbral del éxito y luego se sabotean a sí mismos.

Los sentimientos de una fatalidad inminente

Tom, de 32 años, nunca había logrado pasar más de tres meses abstemio. Sin embargo, durante su última rehabilitación, pareció haber cruzado el umbral. Ya estaba por cumplir su primer aniversario de sobriedad, y tres días antes de esa importante fecha fue internado para una desintoxicación.

Tom lloraba mientras decía: "Tienen que creerme. No gozo bebiendo. No había logrado no beber por más de tres meses desde que tengo 12 años, y ahora hacía casi un año. Me ascendieron en mi empleo, y por primera vez en años, mi esposa me dijo que me amaba.

"Sabía que era demasiado bueno para durar. Sabía que algo terrible estaba a punto de suceder. Cada vez que el teléfono sonaba, pensaba que era para decirme que a mi hijita la había atropellado un automóvil. Bebí para deshacerme de ese terrible presentimiento."

Es importante comprender las expectativas mórbidas del pensamiento adictivo. La familia y los terapeutas pueden entusiasmarse ante el éxito que la persona en recuperación obtiene en su empleo y su aparente felicidad. Puede no haber señales de peligro que indiquen que debajo de esa felicidad superficial la persona en recuperación está pensando: *No podré lograrlo*. Algunas veces esta insistente anticipación se vuelve tan intolerable que el adicto llega a pensar *Oh, al diablo, lo mismo vale si recaigo*, y entonces precipita el fracaso.

Si la persona en recuperación recurriera a una lógica normal, sería razonable tranquilizarla diciéndole que todo está bien y que no hay por qué esperar un trastorno súbito. Pero si sigue operando con base en la lógica adictiva (que no desaparece de inmediato con la abstinencia), los argumentos razonables no tendrán ningún efecto. Al principio de su recuperación, el adicto puede parecer agradable cuando se analizan estos temas desde un punto de vista lógico, pero en su interior está operando otro sistema de pensamiento.

Cuando analicemos los métodos de ayudar a la persona adicta abordaremos este problema. Por ahora sólo estemos conscientes de que a menudo los adictos sienten que están caminando bajo una nube negra de desgracias inminentes.

Capítulo 10

La manipulación de los demás

El pensamiento adictivo puede presentarse antes del consumo de alcohol y de otras drogas. Pero existe una característica que parece ser originada por la adicción química: la manipulación.

Los no adictos son a veces manipuladores, y los adictos pueden haber manipulado a otros antes de empezar a beber o a consumir otras drogas. Pero con el consumo de alcohol y de drogas el problema se incrementa. La gente se ve obligada a mentir, a encubrir y a manipular. Los adictos desarrollan un dominio de la manipulación y, con el tiempo, se vuelve un rasgo de carácter profundamente arraigado.

La manipulación puede iniciarse como una maniobra defensiva para explicar el consumo de alcohol o de drogas, para encubrir problemas, o crear situaciones que facilitarán la bebida o la drogadicción. Pero, tarde o temprano, adquiere una vida independiente. El adicto manipula y miente porque sí, aunque no obtenga nada de ello. La manipulación y la mentira, en lugar de ser un medio, se vuelven fines en sí mismas.

Evitar la estafa

Durante sus días de consumo y bebida Phil solía llegar a casa al amanecer o desaparecía durante varios días. Después de salir del tratamiento de rehabilitación asistió con frecuencia a las reuniones de AA/NA. Una noche, después de una reunión, él y varios amigos fueron a una cafetería abierta toda la noche donde continuaron con una mini reunión hasta después de la medianoche.

La esposa de Phil se aterró al no verlo volver a casa a las 10:30 p.m., como lo esperaba, e imaginó lo peor. Cuando él finalmente llegó, en la puerta le preguntó: "¿Por qué no me llamaste para decirme que llegarías más tarde?"

"Llamé", le contestó Phil, "pero nadie me contestó."

Su esposa sabía que el teléfono no había sonado y dudaba de su cuento de una mini reunión en una cafetería. Sólo se tranquilizó cuando el consejero de Phil le confirmó la historia.

Analicé el incidente con Phil, que me dijo: "No sé por qué le dije que había llamado. Sabía que era una mentira, pero me pareció natural hacerlo."

A menudo advierto a las personas que entran a tratamiento que tienen que cuidar de no estafarse a sí mismas. Pueden obtener una ventaja temporal de echarles la culpa a otros, pero es un triunfo inútil engañarse a uno mismo. El vencedor es también el vencido.

Al principio de la recuperación algunos adictos afirman tener vislumbramientos de percepción. De repente los sorprende lo ciegos que han estado ante su adicción, y lo egoístas y poco considerados que han sido.

Pueden pensar: *Sin duda no soy tan estúpido como para re-caer en mi conducta destructiva ahora que he tomado conciencia de ella.*

Al haber tenido esta conciencia de la verdad, es posible que elijan dejar el tratamiento porque "ya no lo necesitan". O, si siguen en él, pueden volverse "terapeutas" hacia otros pacientes, ayudándoles a lograr la misma toma de conciencia.

¡Es una necedad! Años de pensamiento y conducta adictivos no se desvanecen en una noche. A pesar de las protestas de sinceridad por parte de los adictos, están manipulando. La tragedia es que se engañan haciéndose creer que lograron una recuperación instantánea.

El terapeuta desprevenido puede caer en el juego del adicto. ¡Qué maravilloso no tener que romper laboriosa-mente la montaña de negaciones como con otros pacientes! ¡Qué alivio tener a alguien que pronto puede empezar a trabajar con los temas importantes de su recuperación! ¡He aquí a alguien que está dispuesto a dar un Cuarto Paso (ha-cer un inventario moral) en la segunda semana de trata-miento, y un Quinto Paso (compartir la historia de su vida con otra persona) al siguiente día!

Es una persona que toma un ascensor de alta velocidad en lugar de proceder por los Doce Pasos. Es necesario que el terapeuta esté prevenido. Es mera manipulación. Es muy probable que, camino a casa, la persona se detenga en el bar más próximo.

A menudo el atajo es la manera más rápida de llegar a un lugar al que no se iba. ¿Por qué tomaría alguien ese atajo? Porque a diferencia del pensamiento normal, en el que las personas toman atajos para llegar más rápido a un objetivo, en el pensamiento adictivo el atajo es el objetivo. No lo lleva a ningún lugar en particular.

Al igual que con los demás aspectos del pensamiento adictivo, los atajos y las manipulaciones del adicto no parecen ser obviamente absurdos y es fácil caer en su juego. Además estas manipulaciones no desaparecen de inmediato con la abstinencia de las sustancias químicas. Se necesita mucho tiempo y mucho trabajo antes de que el adicto en recuperación pueda superar su conducta manipuladora.

Capítulo II
La culpa y la vergüenza

Suele pensarse que los adictos están agobiados de culpas. Desde luego, cuando oímos decir que el adicto expresa remordimientos, percibimos lo profundamente culpable que se siente.

Los adictos pueden sentir un remordimiento genuino, pero a menudo no sienten culpa sino vergüenza. La diferencia entre las dos es enorme.

La diferencia entre culpa y vergüenza

La distinción principal entre culpa y vergüenza es esta:

- La persona culpable dice: "Me siento culpable de algo que hice."
- La persona llena de vergüenza dice: "Me avergüenzo de lo que soy."

¿Por qué es tan importante la distinción? Porque las

personas pueden disculparse, reparar, enmendarse y pedir perdón por lo que *hicieron*, pero harán patéticamente poco en lo tocante a quienes *son*. En el medievo, los alquimistas pasaron su vida laboral intentando inútilmente convertir plomo en oro. La persona que siente vergüenza ni siquiera lo intenta, ya que piensa: *No puedo cambiar mi esencia. Si estoy constituido de material inferior, no hay razón para que me esfuerze en cambiar. Sería un acto ineficaz.*

La culpa puede dar origen a una acción correctiva. La vergüenza lleva a la resignación y a la desesperanza.

El análisis profundo de las personas adictas revela a menudo muy poco amor propio y sentimientos arraigados de inferioridad.

Cómo se desarrolla la vergüenza

No siempre es posible descubrir de donde parten los sentimientos de vergüenza, ya que puede ser el resultado de muchas cosas: el libro *Letting go of shame* de Ronald y Patricia Potter-Efron señala la constitución genética y bioquímica, la cultura, la familia, relaciones vergonzosas y pensamientos y conducta que implican vergüenza de sí mismo como fuentes de la vergüenza.[1] Pero otro factor importante puede ser la manera en que los seres humanos llegan al mundo: son indefensos y serán dependientes mucho más tiempo que otros seres vivos. Los cachorros animales empiezan a corretear a los cuantos días de nacidos, y semanas des-

[1]Ronald and Patricia Potter-Efron, *Letting Go of Shame: Understanding How Shame Affects Your Life* (Center City, Minn.: Hazeldenn Educational Materials, 1989), 2.

pués muchos ya buscan su propio alimento. Los seres humanos morirían sin el cuidado de los adultos durante los primeros años de sus vidas. Y aunque sean autosuficientes desde el punto de vista físico, algunos niños se conservan económicamente dependientes de sus padres hasta la tercera década de su vida. Depender de otros no promueve la autoestima. La impotencia y la dependencia pueden generar sentimientos de inferioridad.

Se requiere de un esfuerzo paterno basado en conocimientos para ayudar a los hijos a desarrollar su autoestima. Los que son demasiado protectores o hacen demasiado por sus hijos no les permitirán desarrollar una sensación de dominio. Los que exigen de sus hijos cosas que aún no son capaces de cumplir pueden provocar que se sientan inadecuados. Las circunstancias paternas y ambientales ideales son raras; por ello muchas personas crecen con una autoestima incierta.

Por qué los adictos sienten vergüenza

El sentimiento de poco amor propio o de vergüenza en los adictos suele ser más grave. Las circunstancias que suelen originar los sentimientos de culpa en personas emocionalmente sanas ocasionan sentimientos de culpa en los adictos como una especie de corto circuito. Suponga que enciende el aire acondicionado, y lo que se prende son las luces, o que enciende la lavadora de platos y lo que se prende es el triturador de basura. Es obvio que los cables están cruzados. Es lo que sucede con los adictos. Lo que debería producir culpa provoca vergüenza.

Debido a que la conducta adictiva resulta a menudo en

actos inapropiados, irresponsables y hasta inmorales, existen muchas razones por las que el adicto debería sentir culpa, pero lo que en realidad experimentará es una profunda vergüenza.

La vergüenza no sólo es infructuosa sino también contraproducente. Suponga que tiene un automóvil que funciona bien, pero una pieza se vuelve defectuosa. La remplazará y su automóvil volverá a caminar bien. Sin embargo, si descubriera que su coche es un cacharro y cada vez que le arregla algo otra cosa se descompone, es posible que levante las manos al cielo exasperado. Concluirá, justificadamente, que no tiene caso arreglar el coche.

Lo mismo sucede con el pensamiento adictivo. La profunda vergüenza que siente el adicto da como resultado que piense que es inútil cambiar su forma de ser. La culpa podría haberse superado, pero la enmienda no puede modificar el material defectuoso del que los adictos sienten estar constituidos.

El remordimiento en el adicto es tan común como las margaritas en primavera. Las lágrimas del adicto pueden ser desconsoladoras. Cualquiera que lo escuche y no conozca el pensamiento adictivo jurará que esa persona jamás volverá a ingerir una gota de alcohol o a consumir una droga.

Ed, un electricista de 44 años de edad, vino al centro de rehabilitación procedente de otra ciudad porque temía que su alcoholismo saliera a la luz si solicitaba tratamiento en su localidad.

Cuando lo admitieron Ed manifestaba grandes remordimientos. "¿Cómo puedo haber causado tantas desgracias a los que más amo? ¿Cómo puedo haberle hecho esto a mi familia? Los amo y los he tratado mal. Prefiero matarme que volver a beber."

Esa noche, más tarde, la enfermera me llamó para decirme que Ed estaba actuando de manera extraña. Por sugerencia mía revisó su habitación y encontró una botella de vodka casi vacía.

El remordimiento de Ed no era hipócrita, pero representaba vergüenza más que culpa. Sentía que no importaba lo que hiciera, siempre sería un marido y un padre inadecuado, y que estar sobrio no lo haría ser mejor. El dolor y el daño que había infligido a su familia requerían un consuelo y, puesto que sentía que nada cambiaría bebiera o no, volvió al vodka que había introducido a escondidas al centro dónde planeaba mantenerse sobrio. Ése es el pensamiento adictivo.

El psicólogo y especialista en adicciones Rokelle Lerner dice que el programa de los Doce Pasos cambia la vergüenza por la culpa. El programa ayuda a los adictos a comprender que padecen una enfermedad. Aunque se les dice que son completamente responsables de su conducta, no tienen la culpa de tener esa enfermedad. Sin embargo, se espera que sigan el programa de tratamiento, se mantengan en total abstinencia y que lleven a cabo cambios importantes en sus rasgos de carácter.

A medida que los adictos encuentran aceptación entre otras personas en recuperación y descubren que aquellos que se han sujetado al programa y que han llevado a cabo cambios sustanciales en su carácter son respetados y amados, empiezan a darse cuenta de que ellos también son básicamente buenas personas. Lo que se necesita es abstinencia y una revisión general de la personalidad. Así es como la vergüenza se cambia por la culpa. Cuando se hace un inventario personal, cuando se comparte con alguien más y empiezan a hacerse enmiendas se logra abatir la culpa. Los adictos que trabajan con estos pasos se vuelven personas constructivas y empiezan a recibir el amor y el respeto de su familia y de la comunidad.

Capítulo 12
La omnipotencia y la impotencia

U n rasgo del pensamiento adictivo es la ilusión de que se tiene el control. En cierto grado, está presente un delirio de omnipotencia (la sensación de tener un poder ilimitado) en cada adicto y codependiente.

La mayoría de los adictos al alcohol o a las drogas pierden a la larga el control de la sustancia química, aunque sigan insistiendo en que pueden controlar su consumo. Aunque su vida se ha vuelto muy inmanejable, afirman resueltamente que la controlan. Esta incapacidad de admitir la pérdida de control a despecho de la realidad es característica del pensamiento adictivo. Es un delirio de omnipotencia y debe ser superado antes de que la persona en recuperación pueda admitir y aceptar su impotencia, un primer paso necesario para la recuperación.

Las ilusiones de control

Los alcohólicos pueden tener muchas excusas para explicar por qué Alcohólicos Anónimos no es para ellos. Objetan: "He asistido a las reuniones de AA. Hablan de Dios todo el tiempo y yo soy ateo. No creo en Dios; no me sirve AA."

Sin embargo, el problema no es que el adicto no crea en Dios. La mayoría en el fondo cree que existe. El problema es que piensan ser Dios.

Existen muchas cosas sobre las cuales una persona no tiene control o es impotente. Esto de ninguna manera constituye una debilidad de carácter. Los que padecen la fiebre del heno no pueden controlar sus estornudos. Se alivian mediante un tratamiento médico adecuado, pero sin él, son impotentes ante sus estornudos. Sin embargo, ni el peor ataque de estornudos hace que quienes lo padecen se sientan ciudadanos de segunda. Insistir en que controlan sus estornudos, cuando en realidad no pueden, equivaldría a un delirio.

Las personas que piensan que la adicción es una deficiencia moral más que una enfermedad ven la incapacidad de controlar la bebida o el consumo de drogas como una debilidad de carácter. Cuando las personas niegan defensivamente su impotencia ante las sustancias químicas e insisten en que siguen teniendo el control, en realidad están delirando. Cualquier adicto que diga "No puedo ser impotente" está manifestando un delirio de omnipotencia.

AA simplemente dice que, debido a que los adictos no tienen control sobre su consumo de sustancias químicas, deben buscar esos frenos en otra parte. Es ese "otra parte" lo que constituye el Poder Superior. Quien no cree en un

Poder Superior religioso puede encontrar otras fuentes externas de control. Por ejemplo, muchos consideran a su grupo de AA como un Poder Superior.

Para aceptar un Poder Superior, ya sea religioso o de otro tipo, los adictos deben darse cuenta de que no tienen el control de algunos aspectos de su vida. De hecho, es lo que hacen quienes padecen la fiebre del heno cuando toman un medicamento.

Los delirios de grandeza

Aunado al delirio de omnipotencia, los adictos tienen una actitud o fantasía de grandiosidad, otra característica del pensamiento adictivo. La grandiosidad en el pensamiento adictivo existe a despecho absoluto de la realidad, como lo ilustra la siguiente historia.

El CEO sin llaves

Mel, antaño un exitoso ejecutivo de negocios, padeció la muy común pérdida de la familia, del negocio y del hogar. Sentado en el bar, lloraba ante su cerveza, fantaseando que en cualquier momento alguien entraría y le ofrecería el puesto de funcionario ejecutivo en jefe de una importante corporación.

A la larga, este hombre entró a rehabilitación y, durante toda su estancia, manifestó excesos de grandiosidad. Seguro de ser mejor que cualquier otro, miraba a todos de arriba abajo. Se oponía a la recomendación de que después del tratamiento fuera a un centro intermedio, aunque no tenía otro lugar a donde ir. De mala gana y con aire de superioridad fue al centro intermedio. A pesar de la realidad, seguía creyendo ser todavía un exitoso ejecutivo.

El momento de la verdad se presentó seis semanas después de su llegada al centro intermedio. Mel lo recuerda de esta manera: "Estaba de pie en el exterior, con las manos en los bolsillos. Cuando agité el contenido de mi bolsillo derecho, descubrí que tenía doce centavos y un botón de pantalón. Luego busqué en mi bolsillo izquierdo, y de repente me di cuenta que no tenía llaves. ¡No poseía nada para lo cual necesitara una llave! Ni departamento, ni oficina, ni coche." No fue hasta este momento en que aceptó la realidad.

A menudo se presentan al mismo tiempo la grandiosidad y el delirio de omnipotencia. Ambos pueden ser esfuerzos desesperados para no tomar conciencia de la impotencia.

Después de todo, los seres humanos son impotentes de diversas maneras. Muchas cosas en la vida (el clima, otras personas, el precio de la leche) están más allá de nuestro control. Muchas partes de nosotros, tanto físicas como psicológicas, también.

Las personas que se sienten bien consigo mismas no suelen percibir una amenaza en tomar conciencia de su impotencia. Pero cuando no tienen amor propio, cuando se sienten inadecuadas, incompetentes o carentes de valor, deben protegerse a sí mismas en contra de lo que consideran otra humillación: su incapacidad de control sobre las sustancias químicas. Crearse una autoestima puede ayudar a los adictos en recuperación a superar esta sutil pero fuerte amenaza.

Capítulo 13
Admitir los errores

Muchas personas que dependen de sustancias químicas tienen grandes dificultades para admitir que están equivocadas. Puede que no estén de acuerdo con esta afirmación, alegando que no tendrían la más mínima dificultad para aceptar que están equivocados *si* llegara a ocurrir.

Una de las características del pensamiento adictivo es la percepción que tiene la persona de estar siempre en lo correcto. Muchos de los demás rasgos frecuentes del pensamiento adictivo (la negación, la proyección, la racionalización, la omnipotencia) entran en juego para reforzar la insistencia de que la persona siempre ha tenido razón.

Ser un ser humano significa cometer errores

La manera en que los adictos explican y defienden su conducta puede parecer perfectamente lógica. Al principio cada explicación se oirá razonable. Sin embargo, al tomar en cuenta toda la letanía de incidentes y explicaciones, debemos preguntarnos: "Si el adicto en verdad careciera de errores, ¿por qué terminaron las cosas siendo una horrible mezcolanza?" Después de volver a examinar el relato del adicto, se vuelve evidente el pensamiento adictivo. A menudo sus explicaciones al parecer lógicas sólo son ingeniosas racionalizaciones y proyecciones.

La persona en recuperación debe aprender no sólo que está bien ser humano, sino también que el mayor logro es ser un buen ser humano. Pero primero se debe ser humano, lo que significa que se cometerán errores en algún momento.

Una de las maneras más eficaces de aceptar la frase "Cometer un error no es el fin del mundo" es ver que otras personas, en especial a aquellos a quienes el adicto respeta, también cometen errores. Cualquiera puede servir de modelo. Les daré un ejemplo de mi propia vida.

Una reunión fatal

En una ocasión tuve a un joven paciente psiquiátrico que fue hospitalizado durante un largo periodo. A medida que se recuperaba se le dieron pases para salir del hospital durante varias horas.

Un viernes el paciente me dijo que deseaba asistir a una reunión de su clase al otro día y reunirse con sus compañeros de clase antes de que partieran hacia las cuatro esquinas del mundo. Yo no vi razones para negarle el permiso. Antes de dejarlo, el paciente me dijo: "Por favor recuerda dejar escrito el pase en la tabla, si no las enfermeras no me dejarán salir." Fui de inmediato al puesto de enfermeras y asenté el permiso.

Cuando me reuní con el paciente el siguiente lunes me recibió con un estallido de llanto y de enojo. "¿Por qué me mentiste? ¿Por qué me dijiste que podía ir y luego no me dejaste ir? Algunos de mis compañeros de clase se van de la ciudad y ¡nunca los volveré a ver!"

Le dije al paciente que no sabía de qué estaba hablando, porque yo había dejado el permiso como se lo prometí.

"Entonces tus enfermeras me mintieron", gritó. "Me dijeron que no estaba el permiso en la tabla."

Entonces examiné la tabla del paciente y, para mi gran sorpresa, no estaba la orden. ¿Qué sucedió con el permiso que yo recordaba haber escrito?

El misterio se resolvió cuando descubrí el permiso *en la tabla de otro paciente*. Sí escribí el permiso que prometí, pero las enfermeras tuvieron razón de decirle que no había autorización en su tabla, pues en efecto no la había. Estaba en la de otra persona.

Cogí ambas tablas y las llevé a la habitación del paciente para mostrarle lo que ocurrió. Me disculpé por mi error que lo había privado de ver a sus compañeros de clase y le dije que nada podría corregir esa equivocación. Lo único que podía hacer era disculparme.

Sucedió algo extraño: después de ese incidente hubo una mejoría significativa y progresiva en la condición del paciente. Posteriormente descubrí que una de las principales obsesiones del paciente era el perfeccionismo. Cometer un error era tabú.

Pero, ¡he aquí!, su médico cometió un error. Y no fue *cualquier* error. Un pase escrito en la tabla equivocada podía haber resultado en que se permitiera salir del hospital a un paciente con alto riesgo de suicidio. El error de un médico puede ser fatal, y el doctor lo aceptó. Además, siguió trabajando como médico, las enfermeras seguían respetándolo y sus ordenes todavía se obedecían, ¡aunque hubiera cometido un error! Por tanto, los errores no demuelen a una persona. Tal vez él, el paciente, no tenía que estar eternamente en guardia para evitar los errores.

El rápido reconocimiento de los errores

Cuando me familiaricé por primera vez con el programa de los Doce Pasos, me encantó el Paso Diez: "Y cuando te equivoques, reconócelo rápido." Al igual que muchas otras personas, solía defender mis errores. Mi ego no me permitía aceptar que me había equivocado.

Algunas personas crearán una violenta batalla para demostrar que tenían razón, y sólo cuando sus argumentos son rebatidos aceptan a regañadientes que se han equivocado. Esta actitud puede tener consecuencias desastrosas. Un método mucho más simple y eficaz de conservar nuestras energías es admitir simplemente que nos equivocamos y hacerlo rápido sin inútiles tentativas de defender un error.

¡Qué alivio ha sido liberarme de esa carga! No soy inmune a cometer errores y, cuando admito mi humanidad, la gente siempre lo comprende. Sólo cuando insisto en estar en lo cierto provoco su ira.

Cuando se desecha el delirio de omnipotencia, que es parte del pensamiento adictivo, se es capaz de admitir los propios errores.

Capítulo 14

La ira

La ira es una emoción poderosa e importante. Su manejo puede muy bien ser el problema psicológico más difícil de nuestra época. En tanto que la bibliografía de las adicciones consta de algunos buenos libros sobre la ira, todavía es necesario que entendamos más acerca de su verdadera esencia.

Las tres fases de la ira

La ira se puede subdividir en tres fases. La primera es el sentimiento de ira cuando es provocada. Si alguien me ofende o me lastima, me enojo. Es esencialmente una emoción instintiva o *refleja*, sobre la que se tiene poco control.

La fase 2 es la *reacción* a la ira. Cuando se me ofende me puedo morder los labios y no decir nada, hacer un comentario, soltar una imprecación, dar un empujón o golpear con fuerza. Aunque es posible que no tenga control sobre el sentimiento de ira, lo tengo (y mucho) sobre mi reacción.

La fase 3 es la *retención de la ira*. Concedemos que no tengo control sobre el sentimiento inicial cuando es provocado, pero ¿cuánto tiempo conservo ese sentimiento? ¿Minutos? ¿Un mes? ¿Quince años?

Por comodidad, hagamos referencia a la fase 1 como "ira", a la 2 como "rabia" y a la 3 como "resentimiento".

Muy a menudo la ira provoca rápidamente rabia. Los adictos parecen tener una particular dificultad en su reacción a la ira, aun cuando no están bajo la influencia de una sustancia química. Desde luego, cuando estas sustancias han debilitado el control sobre uno mismo, la reacción de rabia puede ser muy grave. ¿Existe alguna manera de disminuir la intensidad de la ira de la fase 1?

Todas las emociones tienen una función. Aunque los devotos fanáticos y los libres pensadores están en desacuerdo en muchos puntos, concuerdan en que todo lo que existe en la naturaleza tiene una función. Por ejemplo, la amplia gama de colores en el mundo animal, desde las aves multicolores hasta el esplendor de la vida acuática, todos tienen un propósito. Los colores permiten a las criaturas armonizarse con su entorno, les sirve de camuflaje que los protege. O bien los colores brillantes atraerán a una pareja.

Podemos preguntar: "¿Cuál es la función de la ira en la naturaleza?" No parece necesaria para la supervivencia. Si yo fuera atacado, es posible que me defienda adecuadamente sin enojarme. El miedo puede existir sin la ira e iniciar la reacción de huida o de enfrentamiento necesaria para la supervivencia. Aun sin ira puedo recordar quien me atacó y estar alerta para futuros ataques.

La ira no es lo mismo que el odio. Podemos estar muy enojados con alguien a quien amamos, y podemos odiar a alguien sin estar enojados con él. ¿Entonces cuál es el propósito de la ira?

Considero que el propósito natural de la ira es preservar el orden social. Nuestros sentimientos de ultraje cuando alguien es asaltado, golpeado o dañado nos llevan a actuar para impedir dichos acontecimientos. Sin ira podremos defendernos en forma adecuada, pero no haremos el esfuerzo de proteger a otro. La ira es una emoción evocada por la injusticia hacia nosotros mismos y hacia los demás.

Pero ¿qué es injusto? Depende de los pensamientos, de los valores y de las creencias de la persona. La gente difiere mucho acerca de lo que es justo o injusto en este mundo. Por ello, algunos se enojan mucho más rápido que otros.

Los adictos y la ira intensa

Muchos adictos parecen pensar que el mundo es injusto hacia ellos. Se sienten estafados por todos y están enojados con todo el mundo, incluso con Dios. *¿Por qué yo? ¿Por qué tú me haces esto a mí?*

La sensibilidad del adicto a cualquier injusticia percibida se parece mucho a la de la persona con migraña que siente un dolor agudísimo ante los colores brillantes o los ruidos fuertes. Los adictos suelen sentirse ofendidos, menospreciados y humillados por todos los demás. Su familia no los ama lo suficiente, sus amigos no valoran bastante su compañía, no reciben el reconocimiento que merecen de sus jefes por su enorme trabajo, y así sucesivamente. ¿Cuánto es bastante? Debido a la hipersensibilidad y a las insaciables necesidades de algunas personas, ni el infinito es suficiente.

Entonces, el problema para los pensadores adictivos no sólo se halla en su reacción de rabia, sino también en la distorsión de sus percepciones. Por ejemplo, un hombre llega a casa de su trabajo y anuncia "¡Hola, todos, ya llegué!" La esposa y los hijos, absortos en un emocionante programa de televisión, le contestan distraídos y no brincan para darle la bienvenida. Para este hombre, su falta de respuesta indica lo poco que lo valoran. *¿Qué les parece? Me rompo la espalda todo el día para mantenerlos adecuadamente y he aquí cómo me aprecian.* Para él esta falta de aprecio es una gran injusticia y siente una intensa ira. O, cuando su esposa presta atención a sus amigas, puede sentir que ella no lo valora lo suficiente y se enoja con ella por "humillarlo".

Así, podemos entender, aunque no disculpar, las reacciones del adicto que se siente víctima de la "injusticia". Todas las culturas aceptan que los perpetradores de injusticias deben ser castigados. Es lo que hace el adicto que manifiesta su ira, castiga al otro por una "injusticia". Aunque las técnicas para manejar la ira son importantes, superar el pensamiento distorsionado que genera la ira sería obviamente más útil.

Cómo ayuda la recuperación

En la recuperación las percepciones del adicto pueden experimentar un cambio gradual. Con la ayuda del asesoramiento y trabajando el programa de los Doce Pasos, los adictos se vuelven menos egoístas y menos exquisitamente sensibles. A medida que progresa la sobriedad, mejora el amor propio y ya no interpretan todo como personal, menospreciante. Empiezan a aceptar la responsabilidad de sus actos y dejan de culpar a los demás. Las cosas que solían provocar su ira y su rabia ya no los afectan.

Esto es muy diferente a la represión de la ira. Ésta ocurre cuando ha habido una verdadera injusticia, y cuando la persona que tiene una razón legítima para sentir ira no se enoja en lo absoluto. Esto es tan anormal como no sentir dolor cuando nos pica un objeto puntiagudo. Algunas personas han aprendido, de una u otra manera, a no sentir ira. Esta represión no es una técnica de control por medio de la cual la persona reconoce la ira y decide manejarla de cierta manera, como contando lentamente hasta diez. La represión es un mecanismo psicológico inconsciente que evita que la persona tome conciencia de una emoción o idea inaceptable. A nivel inconsciente la ira puede sentirse, pero no se manifiesta en la conciencia de la persona.

Sentir ira sería pecaminoso

Un buen ejemplo de ira reprimida es una paciente a la que traté durante una depresión crónica. Como era una monja con un estricto entrenamiento religioso, había desarrollado la idea de que sentir ira era pecaminoso.

Llegar a mi consultorio le llevaba una hora y media de trayecto, tomando dos autobuses. No quería llegar tarde a su cita, pero el horario del autobús era tal que llegaba una hora antes. Siempre intenté apresurarme, y ella siempre esperó con paciencia.

En una ocasión tuve que salir de la ciudad inesperadamente, y se me olvidó decirle a mi secretaria que llamara a la hermana y cancelara la cita. Después me enteré de que después de esperar mucho tiempo más que la hora de su cita, la hermana preguntó la causa del retraso y se le informó que ese día yo no estaba en el consultorio.

Al volver, llamé a la hermana, me disculpé y le di otra cita. Cuando llegó al consultorio, una vez más le expresé que sentía que no se le hubiera avisado la cancelación de su cita por adelantado.

"Estoy seguro de que cuando descubrió que no estaba, se enojó mucho", le dije.

La hermana sonrió. "No. ¿Por qué debía enojarme?"

"Porque hizo una hora y media de trayecto y luego esperó dos horas más, perdió mucho tiempo porque se me olvidó llamarla. No es posible que no se haya enojado."

La hermana siguió sonriendo dulcemente. "Comprendo que esas cosas pueden suceder. Usted es un hombre muy ocupado. No hay razón para estar enojada."

"Le doy mis disculpas", le contesté. "Aprecio su consideración y su disposición a pasar por alto mi error, pero no me diga que no se sintió ofendida."

Con la misma expresión sonriente y dulce, la hermana dijo: "No, ¿por qué debería haberme sentido ofendida?"

Estoy seguro de que la hermana estaba diciendo la verdad cuando dijo no sentirse ofendida ni enojada. El sentimiento es una sensación y su sistema sensorial no registró ira. Así lo entrenaron.

Considero que eso está mal. Es como descubrir numerosas marcas de quemaduras en sus manos y no recordar haberse quemado. Si su sistema nervioso está intacto, la quemadura debe producir dolor. Si no es así, entonces algo va mal.

Controlar voluntariamente las reacciones al enojo no

está mal; desde luego no es necesario aventar cosas, golpear la pared, o gritar obscenidades. De hecho, los que dicen que una persona debe descargar su ira gritando o hasta pegando contra un saco de arena tienen pocos fundamentos clínicos para hacer esa recomendación. Es perfectamente sano decidir no manifestar la ira. Pero no *sentir* ira es muy diferente: indica una negación y represión inconsciente, y puede causar problemas. No es de sorprender que la hermana estuviera crónicamente deprimida y padeciera alta presión sanguínea y úlceras. La ira que se niega y reprime puede dar como resultado depresión y varias enfermedades físicas.

Los hombres pueden y deben llorar

Cuando se les ha lastimado, muchos hombres se enfurecen en lugar de ofenderse. Perecería que deberían estar llorando, pero en lugar de eso explotan con ira. Tal vez se deba a que no se pueden permitir la reacción normal de llorar. ¿Por qué? Porque creen que "los hombres no lloran". Muchas culturas equiparan la masculinidad al estoicismo. Por ejemplo, los diarios informarán que en un incidente trágico, un hombre lloró "sin ninguna vergüenza". ¿Por qué debería un hombre avergonzarse de llorar cuando se le lastima?

Cuando se le priva del desfogue de llorar, la psique masculina puede buscar otra salida que a menudo resulta en rabia. De hecho, estar privado de la posibilidad de llorar cuando se nos lastima es injusto y tal vez esa injusticia convierte el dolor en ira y rabia.

Cuando entran a recuperación algunos hombres lloran

por primera vez desde su infancia. Aprenden que es correcto sentir; y, así, se elimina una importante fuente de ira.

Desprenderse de los resentimientos

La fase 3, el resentimiento, se maneja particularmente bien en el programa de los Doce Pasos. Se les dice a las personas en recuperación: "Si se queda con resentimientos, volverá a beber." Las personas en las reuniones se descargan de los rencores que han venido alimentando. En el proceso suelen tomar conciencia de que estaban malinterpretando las acciones del otro y de que en realidad no había razón para animosidades. Algunas veces podemos darnos cuenta que lo que pensamos que era dañino para nosotros en realidad era una bendición disfrazada, o entonces descubrimos el sentido común de la idea de que alimentar un resentimiento es permitir que alguien que nos disgusta habite en nuestra cabeza sin pagar renta. Cuando compartimos las percepciones y los sentimientos con los demás y tomamos una perspectiva objetiva, disminuyen los resentimientos y se pueden eliminar por completo. El programa de recuperación reconoce la naturaleza destructiva de la rabia y de los resentimientos.

Las personas no son capaces de considerar que ser un adicto es muy deseable. Pero si nos damos cuenta que las ganancias de la recuperación en un programa de Doce Pasos no se logran fácilmente de otra manera, ser adicto puede no ser la maldición que pensamos que era.

Capítulo 15
La pared de reclusión

Debido a su sensibilidad emocional, a su mala imagen de sí mismos, y a las expectativas mórbidas de los adictos, es comprensible que puedan intentar protegerse del malestar anticipado. Siempre piensan que van a ser despreciados, criticados o rechazados. Para defender su psique del dolor que eso les provoca, muchos adictos construyen una pared protectora entre ellos mismos y el resto del mundo.

Muchos se describen a sí mismos como solitarios. De hecho, la única manera en que pueden relacionarse con otros sin malestar es cuando se han anestesiado con sustancias químicas. Cuando no están bajo esa influencia pueden aislarse pasivamente o mantener a los demás a distancia siendo santurrón, hipercrítico o detestable.

El grado del puercoespín

Aunque el aislamiento evita a los adictos el malestar anticipado inherente al relacionarse con los demás, también los priva de la compañía que ansían. Podemos decir que el adicto está en un dilema debido a un elevado "grado de puercoespín", pues es igual que él, que desea estar en contacto con otros puercoespines pero teme que sus espinas lo piquen. Acercarse demasiado puede ser doloroso, pero mantenerse demasiado alejado es soledad. El puercoespín debe por consiguiente calcular con cuidado qué tanto se acerca para lograr cierta compañía mientras evita ser lastimado.

Aunque las paredes defensivas que construyen los adictos los protegen de las "púas" del mundo exterior, también lo recluyen, frustrando la intensa necesidad humana de la amistad. La pared erigida como protección se vuelve entonces una cárcel.

Gran parte de la conducta del adicto refuerza su aislamiento. Su conducta mentirosa, decepcionante, manipuladora, resentida y criticona provoca que otros lo rehúyan. La ira, el egoísmo, la falta de consideración y la irresponsabilidad hacen indeseable su compañía. Aunque actúan de una manera que provoca que se les evite, resienten el aislamiento en el que se encuentran. La soledad agrava las cosas, ya que es otro reforzador de su mala imagen de sí mismos, y los adictos intentan evitarla incrementando su consumo de sustancias químicas anestesiantes, y perpetuando el círculo vicioso.

Echando fuera a la familia y a los amigos

El aislamiento de los adictos de los contactos sociales externos es bastante malo, pero el problema se agrava cuando crean una pared defensiva en casa. A menudo descubren que no logran fácilmente su aislamiento físico y entonces las tácticas conductuales se vuelven su única defensa disponible. Esto resulta a menudo en una conducta violenta hacia quienes más aman: cónyuge, hijos, padres y hermanos.

Al principio las expectativas de rechazo del adicto se basan en una mala percepción y se vuelven una profecía que se cumple. Como piensan tan mal de ellos mismos, consideran que los demás los rechazarán. A medida que aumentan las maniobras defensivas, el rechazo anticipado deja de ser una fantasía, la gente en verdad los rehúye, lo que a su vez refuerza su mala imagen de sí mismos.

Si la familia y los amigos tratan de llegar a su ser amado abriéndose paso por la pared defensiva o rodeándola, el adicto puede sobrecogerse de terror y reforzar la pared. Por ejemplo, una mujer solicitó tratamiento para su drogadicción porque ya había lastimado todas las venas de su cuerpo. Su aspecto al ser internada en el centro de rehabilitación era espantoso. Cuando pareció estar bastante más sana, tres semanas después, le señalé: "Celia, estás empezando a verte bien." Mi comentario fue recibido con una imprecación odiosa.

Al día siguiente Celia vino a mi consultorio para disculparse por su comentario ofensivo. "No comprendes", me dijo. "Me dijiste algo positivo. No sé como manejarlo." El tratamiento inicial por lo menos la había hecho darse cuenta de su conducta provocativa, pero fueron necesarios meses antes de que pudiera aceptar una frase positiva sin malestar. Sin el tratamiento habría seguido rechazando a todo aquel que se le acercara.

El valor de los grupos de apoyo

Ahora podemos comprender tanto la necesidad como la eficacia de las comunidades anónimas. Asociarse con otros que comparten un problema es mucho menos amenazante que tener que vérselas con la sociedad como un todo. En los grupos de apoyo los adictos no tienen por que temer que se les rechace. Descubren que no sólo hay muchas personas respetables que en algún momento fueron adictos activos como ellos, sino también que muchas comparten sus emociones y algunos de sus rasgos característicos. Empiezan a comprender mejor la naturaleza defensiva de las conductas adictivas cuando las observan en los demás y aprenden a identificarlas en ellos mismos. En los confines seguros de las reuniones de camaradas, los adictos pueden empezar a desmantelar su pared defensiva. Al principio, abaten la parte de la pared que mantuvo a distancia a su familia y a sus amigos. Gradualmente empiezan a aceptar a la sociedad como un todo.

Las características del pensamiento adictivo son las herramientas que el adicto emplea tanto para levantar la pared defensiva como para mantenerla. Con un tratamiento adecuado se rompe el círculo vicioso y, a medida que se corrigen las malas percepciones durante la recuperación, irá eliminándose la totalidad de la pared.

Capítulo 16

El manejo de los sentimientos

Los adictos pueden tener grandes problemas con sus sentimientos: los negativos, como la ira, la envidia, la culpa y el odio, no son los únicos difíciles de manejar. Aun cuando algunos sentimientos positivos (por ejemplo el amor, la admiración y el orgullo) pueden desconcertar al adicto, algunas veces lo harán aún más cuando ya ha dejado de consumir sustancias químicas.

Las emociones son fuerzas motivantes; es lo que nos impulsa, al igual que el motor de un automóvil.

Pensemos en una situación en la que el conductor tiene miedo de manejar automóvil. Tal vez está detrás del volante de un coche de carreras que genera tanta potencia y alta velocidad que no puede mantener el control; o bien cree que los frenos están fallando o que el mecanismo de la dirección está funcionando mal. Cualquiera que sea la razón, será muy reacio a sentarse detrás del volante, por temor de perder el control y tener un accidente.

Cuando la gente teme sus emociones puede que estén sucediendo dos cosas:

1. son tan intensas que las siente incontrolables, o
2. siente que es incapaz de manejar emociones con una intensidad normal. Duda de la confiabilidad de sus "frenos" y de su "mecanismo de dirección".

En tanto que algunas personas dependientes de sustancias químicas consumen alcohol u otras drogas para estimularse, otras recurren a las sustancias químicas para sentirse normales. Los fármacos que alteran el estado de humor son esencialmente anestésicos emocionales: aturden los sentimientos. Cuando las personas dejan de consumir sustancias químicas, las emociones antes entorpecidas se sentirán agudamente.

La depresión

La depresión es uno de los sentimientos más dolorosos que el adicto puede haber anestesiado con alcohol u otras drogas. No sorprende que la persona recién abstemia pueda sentirse deprimida. La abstinencia desenmascara los sentimientos previos de depresión. Y la claridad de la mente subsecuente a la abstinencia permite que la persona perciba los estragos que el alcohol y las demás drogas hicieron en su familia, su trabajo, su condición económica y su salud física.

La "alegría" de una quemadura de cigarillo

Emily, una joven de 23 años, fue internada en el centro de tratamiento después de ocho años de consumo de alcohol, pastillas para el dolor, sedantes y anfetaminas. Al día siguiente de su ingreso me encontró caminando por el pasillo y me solicitó pasar un momento a solas conmigo. Luego se apoyó en mi hombro y empezó a llorar amargamente, "¡No lo soporto, doc! ¡No lo soporto! Me duele tanto. Nunca antes sentí tanto dolor. ¡Por favor ayúdeme, doc! Déme algo. ¡No soporto cómo me siento."

Cuando se calmó le conté de una mujer que, en un accidente de automóvil, se dañó los nervios que transmiten las sensaciones del brazo derecho al cerebro y los cirujanos intentaron reparar sus nervios. Durante las semanas de convalecencia, su brazo derecho colgaba flácido, sin sensaciones, sin vida como un saco de cemento. Deprimida y desalentada, pensó que jamás volvería a recobrar el uso de su brazo derecho.

Un día alguien dejó caer un cigarillo encendido sobre su mano derecha y sintió el dolor de la quemadura. Pegó un brinco y gritó exaltada: "¡Puedo sentir! ¡Puedo sentir! ¡Me duele! ¡Puedo sentir!" Para cualquier otro el dolor habría sido desagradable. Para esa mujer el dolor fue una alegría porque le indicó que sus capacidades estaban volviendo.

Le dije a Emily que desde los 15 años había estado viviendo como una zombi, anestesiada con alcohol u otras drogas, e incapaz de sentir emociones. Cierto, no había sentido mucho dolor, pero tampoco debía haber experimentado muchas sensaciones agradables. Ahora que había dejado las drogas, podía sentir de nuevo el dolor y la alegría de la vida.

Los adictos que empiezan a recuperarse pueden experimentar ansiedad y pánico cuando se les enfrenta a los nuevos sentimientos que nunca aprendieron a manejar. Es posible que crean que estar enojado es sentirse homicida, que amar equivale a absorber a alguien, que odiar es alienar al mundo entero, y así sucesivamente. Confrontar esos sentimientos es un reto formidable.

Al principio de la recuperación algunas personas temen no poder controlar un sentimiento específico. No sabiendo cómo aislar o manejar dicho sentimiento, simplemente cierran todo su aparato de sensaciones.

El surgimiento de las emociones

Un adicto recién abstemio está ahora sujeto a muchos sentimientos que quedaban anestesiados por las sustancias químicas. La reacción inicial puede ser una especie de "aturdimiento", similar al de apagar la válvula maestra, un no sentir nada. En esos casos los miembros de la familia se preocuparán de que su ser amado se haya transformado en un "zombi". Otros adictos empezarán a expresarse de una manera que su familia y amigos nunca vieron antes, y que puede asustarlos. Aprender a manejar las emociones lleva tiempo, y si los miembros de la familia se sienten a disgusto con la conducta de la persona que inicia una recuperación, considerarán que era más fácil vivir con el adicto antes de su sobriedad. Algunas veces esto transmite al adicto señales sutiles que resultan en una reincidencia.

Por consiguiente, es sumamente importante que tanto el adicto como los miembros de la familia comprendan que en la adicción los sentimientos eran el blanco principal de las sustancias químicas y que la abstinencia puede dar por resultado al principio un caos o una parálisis emocional. Aprender a evaluar y a manejar los sentimientos es un objetivo importante. Esto llevará tiempo, se requerirán muchos ensayos y errores. La persona en recuperación debe tener paciencia y quienes la rodean necesitarán aún más.

Capítulo 17
Los sabores y los colores de la realidad

A menudo aunque perciba con exactitud la realidad, el adicto sentirá que no es bastante buena. Las gratificaciones y los placeres normales de la vida no bastan. Falta algo, y se siente estafado de los verdaderos placeres. Otras personas, que parecen estar contentas, deben estar experimentando lo "verdadero", pero de alguna manera el pensador adictivo se siente privado de ello. *Debe haber más en la vida*, piensa el adicto.

Del gris al rosado

Clancy, un orador popular de AA, lo dice muy bien: "Mi mundo era opaco y gris. Mi familia, mi trabajo, mi vida hogareña, mi coche ... todo era gris. No soporto nada que sea gris. ¡Necesito color! Y el alcohol daba color a la vida." Para el alcohólico y otros adictos la vida es como un alimento guisado sin sazón: insípido.

Una experiencia sensorial es personal y subjetiva. Es casi imposible comunicar una experiencia sensorial a otra persona o cuantificarla objetivamente. Si dos personas prueban el mismo platillo, escuchan una misma melodía, o ven el mismo atardecer, no hay manera de que uno pueda saber exactamente lo que el otro está sintiendo.

De igual manera, cuando los no adictos intentan comprender el consumo de sustancias químicas del adicto, pueden no saber cómo hacerlo. *¿Qué demonios le pasa a esta persona que tiene un buen hogar, un buen matrimonio, hijos sanos y un empleo bien pagado?* se preguntan. *¿Por qué su insatisfacción? ¿Por qué bebe tanto?* Las respuestas pueden no ser fáciles de aceptar.

- ¿Por qué esta persona bebe tanto? Los alcohólicos beben porque padecen la enfermedad del alcoholismo. Perdieron el control sobre su consumo de alcohol debido a la enfermedad.
- ¿Por qué la insatisfacción? La visión que tiene el pensador adictivo de la realidad está distorsionada. Como está crónicamente insatisfecho, no lo siente que esté experimentando lo que debería vivir. La vida no le está brindando la suficiente gratificación, y el alcohol y otras sustancias químicas parecen darle color. Los grises cambian a colores deslumbrantes. Ahora siente lo que otros deben estar experimentando. Se siente normal.

Cuando se le suprime una sustancia química, el adicto se enfrenta a los síntomas de abstinencia. Una vez que éstos pasan, las depresiones se instauran. El mundo vuelve a verse gris, desprovisto de color, de interés, de excitación y de placer. Los adictos que entran a recuperación deben darse cuenta de que la abstinencia de las sustancias químicas no bastará para que todo se vuelva rosa.

En qué difieren la depresión clínica y la depresión adictiva

Si el adicto consultara a un psiquiatra, sus síntomas parecerían similares a los del deprimido que padece un importante trastorno afectivo (emocional):

- pérdida de interés en la vida
- incapacidad de concentrarse
- sentimiento de inutilidad
- poco impulso sexual y
- la sensación de que la vida no vale la pena

No sorprende que a menudo los psiquiatras diagnostiquen la condición como un importante trastorno afectivo o depresión clínica, y receten medicamentos antidepresivos. Para los adictos que empiezan una recuperación y no padecen una depresión clínica, estos medicamentos son notablemente ineficaces y pueden amenazar la sobriedad.

Aunque los síntomas del adicto en recuperación y los de la persona que padece una depresión clínica pueden ser similares, existen importantes diferencias.

Un importante *trastorno afectivo* es esencialmente una enfermedad bioquímica. En otras palabras, algo funcionó mal con las neurohormonas, las sustancia químicas que transmiten los mensajes entre las células cerebrales. Los cambios bioquímicos pueden ser resultado de un grave estrés en el sistema o deberse a factores genéticos. Los síntomas de una depresión clínica tienen un inicio bastante bien definido. La persona gozaba de la vida, era activa y tenía intereses hasta un momento en particular en que las cosas empezaron a cambiar. Algunas veces el cambio puede relacionarse con un acontecimiento físico, por ejemplo un parto, la menopausia, una cirugía o un virus grave. En otras ocasiones se puede vincular con un incidente emocional: por ejemplo, un revés económico, la muerte de un ser amado, o, lo que es bastante extraño, un ascenso en el trabajo. El punto importante es que el cambio en los sentimientos y las actitudes de la persona puede ser rastreado hasta un punto de inicio, tal vez varias semanas o meses antes.

Con la *adicción* los síntomas "depresivos" no aparentan ni siquiera tener un inicio aproximado. En muchos casos, la persona siempre se sintió así, aun de adolescente. Es probable que los adictos digan que nunca creyeron recibir un trato justo y que todos los demás siempre tuvieron más o mejores cosas. Es posible que hayan sido considerados como personas que buscaban emociones. Con mucha frecuencia dirán que se han sentido insatisfechos con la vida desde que tienen uso de razón.

Este tipo de depresión no se alivia con medicamentos antidepresivos. Lo único que pueden producir es molestos efectos colaterales. Aunque los antidepresivos tricíclicos y los inhibidores de la monoamina oxidasa (IMAO) no sirven para las depresiones caracterológicas como las que describí, estos antidepresivos no son adictivos. El peligro se presenta cuando se emplean fármacos como las benzodiacepinas (por ejemplo, Xanax, Tranxene, Ativan y Valium) para la depresión. Los tranquilizantes que se recetan a menudo pueden en realidad aliviar temporalmente los síntomas de depresión del adicto, así como lo hicieron el alcohol y otras sustancias químicas, pero a su vez conllevan un alto riesgo de adicción. Inadvertidamente el médico puede haber sustituido una adicción por otra.

El pensador adictivo puede experimentar una insatisfacción crónica. Esto puede deberse a expectativas no realistas más que a una privación real. Es posible que esta persona requiera la ayuda de un terapeuta para esclarecer la realidad. La terapia más eficaz puede ser una experiencia de grupo en la que, bajo la guía de un terapeuta experimentado, el adicto podrá empezar a identificarse con otros del grupo y a observar sus distorsiones. Se volverá consciente de que también está distorsionando la realidad. El observar a otras personas con expectativas no realistas lo ayudará a darse cuenta de sus propias esperanzas irreales. Tal vez el mundo real no sea sólo colores deslumbrantes, pero tampoco es opaco y gris.

Con frecuencia el adicto ha bloqueado todo un sistema de sensibilidad para evitar algunos sentimientos desagradables. A medida que se le ayuda a percatarse de tal cosa, empieza a entender que gran parte de su percepción de opaco y gris se debía a un bloqueo sensorial. A medida que se siente más cómodo con los sentimientos y desmantela este sistema masivo de defensa, empieza a apreciar parte de los colores y de la excitación que existe en el mundo.

Nada impide que el adicto presente una depresión clínica. Sin embargo, puede ser muy difícil el diagnóstico de una depresión clínica en una persona al principio de su recuperación y habrá de hacerse con base en la evaluación del médico. Por consiguiente es importante que el médico esté familiarizado tanto con las enfermedades adictivas como con la depresión clínica, para que su evaluación y su juicio sean los adecuados.

Cuando ambas se presentan

Las personas que sólo padecen una depresión clínica y no son adictas pueden ser tratadas eficazmente con antidepresivos y psicoterapia. Los que son adictos y no presentan una depresión clínica pueden ser ayudados con un programa de recuperación y asesoramiento. Si la persona sufre tanto una adicción como una depresión clínica, serán necesarios ambos tratamientos. Los antidepresivos no son un sustituto del programa de recuperación, así como éste no es un sustituto de los medicamentos antidepresivos. El uso adecuado de ambos puede resultar en una recuperación global.

Si se le diagnostica a un adicto una depresión clínica y el médico receta un antidepresivo, no debe dudarse en tomar el medicamento. Algunas personas en recuperación pueden decir que el tomar un fármaco que altere su mente es una violación a la sobriedad. Aunque esto puede ser cierto con los tranquilizantes adictivos (salvo raras excepciones), no es así con los antidepresivos o los estabilizadores del estado de humor, como el litio, que pueden ser tomados con toda tranquilidad por el adicto en recuperación.

Algunas personas pueden haber tomado medicamentos antidepresivos durante su adicción activa y descubrieron que no les ayudaban. Es posible que se haya debido a la interferencia del alcohol o de otros fármacos. Una vez lograda la abstinencia, el antidepresivo puede ser eficaz.

Capítulo 18
¿Debe llegarse al fondo?

La verdadera recuperación de una adicción significa más que una simple abstinencia. Significa renunciar al sistema de pensamiento patológico y adoptar uno sano. Puesto que la adicción implica una distorsión de la percepción, sólo algunos acontecimientos importantes pueden provocar que el adicto cuestione la validez de su percepción. El acontecimiento o acontecimientos que ocasionan este descubrimiento algunas veces se llaman tocar fondo.

El significado del fondo

El término *fondo* se ha empleado tradicionalmente y aún se utiliza mucho en el campo de la adicción, por lo que lo conservaremos. Sin embargo, debe ser aclarado. "Fondo" no necesariamente significa una total desocialización, pérdida de familia o del empleo; no implica un completo desastre. Significa que algo sucedió en la vida del adicto que tuvo el impacto suficiente para que éste desee cambiar por lo menos parte de su estilo de vida.

En años recientes muchos negocios han puesto en marcha un programa de ayuda a los empleados (PAE). Cuando un empleado parece tener un problema que afecta su rendimiento laboral, se le solicita que vea a un asesor. Si el problema es una dependencia química, entonces se lleva al empleado a una posterior evaluación y tratamiento. Puede ser implícito o explícito que el empleado que se niegue a solicitar ayuda y siga teniendo un mal rendimiento será despedido. Para muchos hombres y mujeres, éste ha constituido un fondo y, gracias a ello, entraron a un programa de tratamiento diez o veinte años antes de lo que lo hubieran hecho de otra manera. Sin este fondo que les hace sentir en riesgo su empleo, podrían haber llegado a consecuencias más extremas.

Debido a la creciente conciencia de la dependencia de sustancias químicas en los adolescentes, la mayoría de los jóvenes que entran a tratamiento han padecido pocas de las consecuencias de la adicción avanzada. Para ellos, el fondo es el deseo de permanecer en el hogar y de mantener una relación con sus padres.

Como veremos, la variabilidad de lo que constituye tocar fondo puede ser explicada por la ley de la gravedad humana.

La ley de la gravedad humana

Una ley de la conducta humana, que parece tan inquebrantable como la de la gravedad física puede muy bien ser llamada "ley de la gravedad humana": la persona gravitará de una condición que *parece* ser de gran sufrimiento a una condición que *parece* ser de menos sufrimiento, y nunca en sentido opuesto. Según esta ley, es imposible que una persona elija sufrir más. Cualquier tentativa de invertir la dirección de la elección será tan inútil como intentar que el agua fluya hacia arriba de una colina.

mayor sufrimiento

menor sufrimiento

El alcohol y otras sustancias químicas que alteran la mente ofrecen cierto grado de alivio del malestar, sin importar si es alivio de la ansiedad, de la depresión, de la soledad, de la timidez o sólo de un impulso compulsivo. La abstinencia, por lo menos al principio, provoca sufrimiento, algunas veces inquietud psicológica, y a menudo grave malestar físico.

Si intentamos que los adictos abandonen su consumo de alcohol u otras drogas, esencialmente les estamos pidiendo que elijan un mayor sufrimiento, lo cual va más allá de la capacidad humana. Partiendo de este análisis, ¡parecería que debemos suspender todos los esfuerzos de tratamiento! ¡El tratamiento no puede funcionar! Pero sabemos que es un hecho que funciona y que las personas logran llegar a la sobriedad. ¿Cómo sucede?

Lograr la sobriedad por medio de cambios de percepción

Aunque la ley de gravedad humana es inviolable, y la dirección nunca cambia, es posible que la personas cambien sus *percepciones*. Pueden aprender a ver que su consumo de sustancias químicas es causa de un mayor sufrimiento y que la abstinencia implica uno menor.

Adicción activa	*Recuperación*
mayor sufrimiento: abstinencia	menor sufrimiento: consumo de sustancias químicas
menos sufrimiento: consumo de sustancias químicas	menos sufrimiento: abstinencia

¿Cómo se da este cambio de percepción? Todas las sustancias químicas que alteran la mente causan tarde o temprano algún tipo de inquietud:

- la pérdida de respeto por parte de la familia y amigos
- la amenaza de perder el empleo
- mal rendimiento escolar
- graves síntomas gastrointestinales
- resacas

- alucinaciones
- caídas y hematomas
- ataques convulsivos
- la inquietud de mala memoria
- la amenaza de encarcelamiento
- el terror de los delirios

Cuando cualquiera de éstos, solo o en combinación, llega al punto crítico, en que el sufrimiento es igual o superior a cualquier alivio que ofrezca la sustancia química, entonces cambia la percepción de la persona de lo que es una mayor o menor inquietud.

Entonces esto es lo que sucede cuando se toca fondo. *El fondo no es más que un cambio de percepción, en el que la abstinencia se percibe como una inquietud menor que el consumo de sustancias químicas.* Si en cualquier momento después de lograr una abstinencia, aun varios años después, ésta vuelve a ser fuente de inquietud mayor, ocurrirá una recaída.

El curso natural de la adicción es tal que se toca fondo si nadie interfiere. Pero las personas que rodean al adicto, con toda la buena intención, pueden eliminar algunas de las inquietudes provocadas por las sustancias químicas. Por ejemplo, un colaborador cubrirá al compañero que tiene resaca. Esto evita que se dé un cambio de percepción de mayor y menor inquietud y permite que siga la adicción activa. A esto se debe que a las personas que impiden las consecuencias dolorosas del consumo de drogas se les llame *facilitadores.*

Recordemos, que permitir que ocurran las desagradables consecuencias naturales no es lo mismo que castigar al consumidor. *Castigar* es infligir un dolor desde el exterior. Si, por ejemplo, un bebedor considera el matrimonio como una fuente de inquietud, se separará en lugar de dejar de beber. Sólo cuando el alcohólico descubre que su consumo es lo que provoca su sufrimiento, la sobriedad se volverá una solución.

Las percepciones de los adictos también se modifican cuando perciben las gratificaciones de la abstinencia. Cuando éstas empiezan a ser superiores a las de las sustancias que les alteran la mente, los adictos pueden cambiar sus percepciones de cuál es la fuente de mayor o menor inquietud.

Reunirse con gente sobria y ver que son felices y productivos demuestra las gratificaciones de la abstinencia. Obtener una respuesta positiva a la sobriedad de parte de la familia, de los amigos y de los colegas es una gratificación. Recobrar la autoestima es un premio, y lo es también conservar el empleo.

El adicto activo puede reconocer que todo son como gratificaciones y seguir sintiendo que están fuera de su alcance. Aquí es donde una terapia apropiada, con una elaboración realista y adecuada de la autoestima, puede hacer la diferencia. Con ayuda apropiada el adicto empezará a concebir que puede lograr esas recompensas y a percibir que la abstinencia es una fuente de menor inquietud.

Las personas varían mucho en sus percepciones de las gratificaciones y el sufrimiento. El terapeuta debe descubrir lo que cada persona considera una *gratificación* y un *sufrimiento* para poder ayudarla a percibir la adicción y la abstinencia desde una perspectiva apropiada. La combinación de las experiencias de fondo con la anticipación realista de los beneficios de la abstinencia hará posible la abstinencia.

Capítulo 19

Los pensadores adictivos y la confianza

Los profesionales del tratamiento y otras personas pueden emplear muchas técnicas para ganarse la confianza del adicto; sin importar el método, el éxito del tratamiento depende de esa confianza.

Tomemos conciencia de lo que estamos esperando del adicto. Que esta persona se abstenga por completo y permanentemente del consumo de sustancias químicas que le permitieron vivir la vida, tal vez lo *único* que la hizo tolerable. Es mucho pedirle a alguien.

Un brillante representante de ventas en recuperación me dijo el día que cumplía diez años de sobriedad: "Doctor, cuando estaba en desintoxicación y usted me mostró mi examen físico y las pruebas de laboratorio, y me explicó que si no dejaba de beber pronto moriría, no me perturbó. Habría elegido beber y morir. No podía concebir vivir sin alcohol cuando lo necesitaba."

A menudo la abstinencia es un reto formidable. Pero ni siquiera la abstinencia es recuperación, sólo un *requisito* para ella. Ésta requiere un cambio de actitud y de conducta, lo que significa un cambio en la manera en que el adicto piensa y ha pensado la mayor parte de su vida. Significa superar el pensamiento adictivo. La fórmula se puede mostrar de la siguiente manera:

$$\text{RECUPERACIÓN} = \text{ABSTINENCIA} + \text{CAMBIO}$$

La dificultad de razonar con los adictos

Pensemos, un momento, lo que sucedería si alguien en quien usted confía le dijera que tome algo valioso, por ejemplo un fino florero de cristal o una cara escultura de porcelana, y lo deje caer desde la ventana de un cuarto piso. Usted diría "¿Estás loco? Es una reliquia de familia. Para mí es inapreciable. ¿Por qué habría de hacer la estupidez de romperlo?"

Imagine a su amigo contestándole: "¡Ajá! En eso te equivocas. Ves, has estado operando con la ilusión de que existe una ley de la gravedad y de que cuando sueltas algo cae. Pero has sido víctima de un engaño. No existe la ley de la gravedad. Confía en mí, amigo. Verás que si sacas el florero o la escultura por la ventana y la sueltas, no caerá al suelo. Se mantendrá suspendida en el aire y podrás volver a tomarla en cuanto quieras."

Sin duda alguna, usted concluirá que su amigo de confianza se volvió loco. *¡El pobre está demente!* dirá a usted mismo. *Siempre he sabido que cuando suelto las cosas caen, y que existe una ley de la gravedad. Este pobre amigo lunático está intentando convencerme de un enorme disparate. ¿Qué tan loca puede volverse una persona?*

Cuando intentamos convencer a los adictos de la falacia de su pensamiento, es como decirle a alguien que delira porque cree en la ley de la gravedad. El colmo de la inutilidad es esperar que el pensador adictivo abandone su concepto de realidad y acepte en su lugar el nuestro.

Dos factores esenciales en la recuperación

Entonces ¿cómo puede llegar a darse la recuperación? Existen dos factores esenciales para ello.

1. *Los adictos deben perder la fe en su actual poder de razonamiento.* Deben aprender que su concepto de realidad y sus procesos de pensamiento están distorsionados. Por desgracia, los demás poco pueden hacer para provocar que el adicto dude de la forma de pensar que ha tenido toda su vida. Lo único que ocasionará que dude es tocar fondo, cualquier acontecimiento que pueda hacer que el adicto reconsidere su conducta y su actitud. En ese momento el terapeuta o profesional podrá inmiscuirse y decir: "Mira, estás tomando conciencia de que tu percepción de la realidad es incorrecta y de que tu forma de pensar ha sido distorsionada. Te ayudaré a descubrir un sistema válido de pensamiento."

2. *Los adictos aceptan la posibilidad de otra versión de la realidad de alguien en quien confían.* Intento ayudar a los pacientes que están en tratamiento a comprender esta "verificación de la realidad" dándoles el ejemplo de un excelente cocinero que siempre guisa probando, y nunca siguiendo una receta: no presta aten-

ción a medir los ingredientes. Después de ponerlos, el cocinero prueba la cocción y agrega sal, azúcar, limón y especies, probando de vez en cuando la mezcla, agregando siempre lo que falta hasta que tiene un buen sabor.

Pero ¿qué sucede si contrae un fuerte resfriado y tiene los senos nasales tapados y es incapaz de percibir los sabores? Puesto que el cocinero no confía en las mediciones, lo mejor que puede hacer es llamar a alguien y pedirle: "¿Puedes probar por favor esto por mí y decirme qué crees que le falta? Estoy muy resfriado y no distingo los sabores."

Para los adictos, el personal del centro de tratamiento puede suplir esta función. Las "papilas gustativas" de los adictos para evaluar la realidad no funcionan bien. El tratamiento profesional puede ayudarlos a evaluar la realidad y a desarrollar un sistema de pensamiento correcto.

Desarrollo de la confianza durante el tratamiento

¿No es mucho pedir que el adicto confíe en una persona que nunca antes había visto?

La mayoría de los adictos carecen de la capacidad de confiar. Si yo hubiera crecido en un hogar con un padre alcohólico, habría tenido pocas oportunidades de aprender lo que es la confianza. El hogar podría haber estado plagado de mentiras y engaños: el alcohólico le mentía al sobrio, y el sobrio engañaba al alcohólico. La mayoría de los hijos de alcohólicos aprenden a no confiar en nadie.

Hasta los hijos de hogares sanos y funcionales tienen problemas para confiar en los demás. No siempre los padres son francos con ellos, por muchas razones: a menudo piensan que los niños no pueden entender algunas cosas. Entonces, en lugar de decirles la verdad, planean algo que piensan que podrán comprender.

El adicto que se encuentra con un profesional del tratamiento tiene pocas razones de confiar en él. Haber tocado fondo puede haberle quitado su punto de apoyo, y se siente suspendido como en el aire. Una persona del grupo de tratamiento le da la mano y le dice: "Intentaremos ayudarlo." *¡Genial!*

Si los adictos tienen tan poca confianza, ¿cómo aceptan el tratamiento de los médicos y enfermeras? ¿O aceptan someterse a cirugía? La respuesta es que los ayudantes profesionales no están diciendo cosas que contradigan lo que ya cree el adicto. El dentista le dirá que su muela del juicio está rota y que debe extraérsela; el adicto nunca ha creído que una muela del juicio rota *no* debía ser extraída.

El tratamiento para la adicción a las sustancias químicas es diferente. El adicto tendrá que empezar a pensar de una manera diferente durante la recuperación, y eso requiere una profunda confianza.

Los adictos en tratamiento deben tener razones para creer que no serán engañados, que su bienestar es la principal meta del tratamiento y que nada desviará al personal de esa meta. El personal del tratamiento debe buscar establecer alianzas con la familia, el jefe y el sistema judicial del adicto, pero sólo a condición de que éste lo sepa.

Las personas en tratamiento por dependencia de las sustancias químicas ponen a prueba a quienes las tratan, como debe ser. Los médicos les dicen que mucho, si no es que todo lo que creían hasta ahora es falso, que su pensamiento estaba distorsionado y es incorrecto y que deben confiar en el pensamiento de otra persona.

En el pasado, los programas de tratamiento residencial solían durar cuatro semanas. Muchos años de pensamiento adictivo no pueden ser corregidos en 28 días, pero por lo menos el adicto lograba una ventaja inicial en un entorno carente de sustancias químicas. Hoy día, cuando el tratamiento externo reemplaza esencialmente al de residencia, la mayoría de los adictos no tienen la ventaja de este periodo protegido.

La restricción del tratamiento residencial ha presentado un reto para los terapeutas que, al igual que sus pacientes, se ven obligados a manejar una nueva realidad. Los programas para pacientes externos han dado origen al reto. Con la adicción al alcohol y a los narcóticos, se ha incrementado la imposición de la abstinencia por medio de un uso más amplio del disulfiram y del naltrexone. Se han establecido contratos con los pacientes, y los terapeutas han desarrollado habilidades adicionales para ayudarlos a sobrevivir a la fase post-aguda de abstinencia.

Aunque el tradicional programa de tratamiento residencial de 28 días ha sido reemplazado, el tratamiento externo intensivo suele ser de mayor duración. Esto permite al terapeuta un poco más de tiempo para ayudar al adicto en la transición de un pensamiento adictivo a uno normal.

No abordar el pensamiento adictivo

Digamos que un adicto recientemente sobrio deja el programa de tratamiento después de un periodo de abstinencia impuesta en el que superó los síntomas físicos de la abstinencia. Si recae de inmediato en su consumo de alcohol o de otras drogas, eso implicará que no empezó a cambiar su pensamiento adictivo. Nadie que piense con claridad desearía volver rápido a una adicción activa. La única conclusión posible es que esa persona *conservó su pensamiento adictivo*.

A su vez, esto casi siempre significa que el terapeuta no pudo ganarse la confianza del paciente. No es necesariamente un reflejo de las habilidades y de la dedicación del médico; la persona puede haber entrado a tratamiento con un profundo sentimiento de desconfianza y todavía es incapaz de creer en nadie. O bien, a pesar de todo lo que sucedió, aún no ha tocado el fondo que empezará a fragmentar su pensamiento adictivo. Suele ser cuestión de tiempo que el adicto se dé cuenta de que el terapeuta tenía razón y de que su pensamiento era erróneo. Entonces suele volver al tratamiento; esta vez con más confianza en el médico.

Lo que dijimos de la confianza se aplica a todos los que desean relacionarse de manera constructiva con un adicto. Esto incluye no sólo al terapeuta sino también a los miembros de la familia, al jefe, al sacerdote o pastor, al asesor y a los amigos del programa de recuperación. Cada uno se puede ganar la confianza, respetarla y conservarla con cuidado.

Capítulo 20

La espiritualidad y el vacío espiritual

Aunque se pueden encontrar casi todas las enfermedades humanas en los animales, hay pocas evidencias de que, en su hábitat normal, éstos desarrollen padecimientos adictivos. Algunos animales cuyo cerebro fue tratado con ciertas sustancias químicas pueden comer o beber en exceso, pero eso no ocurre en los que se encuentran en su entorno normal. Las indulgencias en los excesos parecen ser un fenómeno únicamente humano. ¿Por qué?

Al contrario de los animales, que sólo tienen impulsos y deseos físicos, los seres humanos ansían asimismo una satisfacción espiritual. Cuando no se satisface esta necesidad, sienten una inquietud confusa. En tanto que el hambre, la sed y el impulso sexual se identifican con facilidad, el ansia espiritual es más difícil de reconocer y de satisfacer. Es posible que las personas sientan que algo les falta, pero no sepan qué es.

No debe sorprender que también la espiritualidad sea un tema de distorsión adictiva.[1]

Llena el vacío espiritual

La mayoría de la gente aprende por experiencia que ciertas sustancias producen una sensación de gratificación. En consecuencia, el pensamiento adictivo puede llevar a intentar que se mitigue esta confusa ansiedad espiritual por medio del alimento, drogas, sexo o dinero. Éstos pueden brindar cierta gratificación, pero no solucionarán en lo absoluto el problema básico: las necesidades espirituales no satisfechas. La sensación de satisfacción desaparece pronto, remplazada por la añoranza.

Considerémoslo de esta manera. Los seres humanos requieren ciertas cantidades de vitamina A, de complejo B, C, D, E, y K para funcionar normalmente. Una falta de cualquiera de estas vitaminas resultará en síndromes de deficiencia específicos, como el escorbuto debido a una deficiencia de vitamina C o el beriberi por deficiencia de vitamina B-1. Si la persona carece de vitamina B-1 y se le dan dosis masivas de vitamina C, la deficiencia no se modificará. Nada puede cambiar hasta que se suministre la vitamina necesaria. No se puede compensar la deficiencia de una vitamina con el exceso de otra.

Esto se parece al error que cometen los adictos. El pensador adictivo razona como el alimento o el sexo o el dinero

---

o el alcohol u otros fármacos han satisfecho *algunas* de sus ansias, también lo harán con otras.

Esto también nos ayuda a comprender el fenómeno de cambio de *adicciones*; por ejemplo, cambiar un trastorno alimenticio por el juego compulsivo, o una adicción sexual por un fanatismo del trabajo.

Muchas personas en recuperación han dicho: "Durante los periodos de abstinencia sentía cierto vacío dentro de mí. No tenía ni idea de lo que se trataba. Ahora sé que era el espacio vacío al que pertenecía Dios."

El significado de la espiritualidad

¿A qué se debe que podamos identificar con facilidad que el alimento satisface el hambre y el agua la sed, pero que nos cuesta trabajo saber qué satisface las ansias espirituales?

Existe una respuesta, que los teólogos consideran ser el núcleo de aquello de lo que se trata la humanidad: un ser humano no es sólo un animal que difiere del resto únicamente en su grado de inteligencia. Los seres humanos, como seres moralmente libres, pueden elegir reconocer su espiritualidad y su relación única con Dios.

Pero ¿qué sucede si una persona no tiene una orientación religiosa, y "Dios como lo entendemos" es el grupo de apoyo? ¿Impide la falta de una creencia religiosa formal la espiritualidad?

En lo absoluto. Los seres humanos son diferentes de otros animales. Además de su mayor inteligencia, también poseen varias características que los animales no tienen. Por ejemplo, tenemos la capacidad de aprender de la historia y obviamente los animales no. Podemos contemplar el propósito de la existencia. Podemos pensar en maneras de mejorar y las implementamos. Podemos retrasar la gratificación y pensar en las consecuencias a largo plazo de nuestros actos. Por último, tenemos la capacidad de tomar decisiones morales, que pueden resultar en negarnos conductas que nuestros cuerpos anhelan vehementemente.

Se puede decir que todas estas capacidades, que son únicas del ser humano, constituyen el *espíritu*. Por consiguiente, éste es la parte que nos distingue de las otras formas de vida. Un devoto fanático dirá que el espíritu fue infundido en la humanidad en el momento de la creación. Un ateo podrá decir que se desarrolló a lo largo de millones de años de evolución. Pero pocos negarán que los seres humanos tienen esas capacidades, y por consiguiente que poseen un espíritu.

Cuando ejercitamos esas capacidades humanas únicas estamos siendo *espirituales*. Sin embargo, es posible ser espiritual sin ser religioso, porque en ningún lugar de estas capacidades humanas únicas se dice que eso sea un requisito.

También podemos entender la importancia de la espiritualidad en la recuperación de la adicción. Los adictos activos obviamente no han aprendido de la historia de su conducta pasada, porque repiten las acciones que les demostraron ser destructivas. Su propósito en la vida es estimularse, y no tienen otra meta. Apenas si pueden considerar la superación cuando su conducta es francamente autodestructiva. Los adictos activos no pueden retrasar la gratificación y no consideran las consecuencias de sus actos. Por último, carecen de libertad, porque están cruelmente dominados por el impulso de la adicción. Por consiguiente la adicción es la antítesis de la espiritualidad.

El pensamiento adictivo no es espiritual, puesto que su meta es el otro polo de la espiritualidad. A esto se debe que la recuperación de una adicción requiera un cambio del pensamiento adictivo a la espiritualidad, aunque no necesariamente a la religión. Naturalmente la religión abarca la espiritualidad, y puede ser una fuente adicional de fuerza en la recuperación, pero no es absolutamente necesaria para ella.

Capítulo 21
El pensamiento adictivo y la recaída

A menudo la recurrencia del pensamiento adictivo *precede* a la recaída en la bebida o en el consumo de otras sustancias químicas. El pensamiento distorsionado también puede ser *subsecuente* a la recaída cuando la persona intenta volver al programa de los Doce Pasos.

El crecimiento en la recuperación

Debido a que la recuperación es un proceso de crecimiento, la recaída es una interrupción de ese crecimiento. Pero *no* significa volver a la casilla número uno. Sin embargo, casi sin excepciones, es posible que sea lo que el que recae piense. Después de dos o doce años de recuperación, la persona que recae puede sentir que ha vuelto al fondo. Sin embargo, esta conclusión es errónea y puede afectar negativamente la recuperación de una recaída. Muchas personas que recaen piensan, *¿Qué objeto tiene? Lo intenté y no funcionó. Lo mismo da si abandono la lucha.*

El problema es que están empezando con una conclusión en lugar de considerar los hechos de su situación: el progreso que lograron, las habilidades que aprendieron, las gratificaciones de la recuperación. Más bien, la persona que recayó desea proseguir con su consumo de sustancias químicas. Las ideas de inutilidad y de desesperación no son más que pensamiento adictivo típico, cuyo propósito es promover el uso continuo de los fármacos. La conclusión correcta, como lo ilustra la siguiente historia, es que la recaída no anula todo lo que obtuvieron los adictos hasta ese punto.

Manchas resbalosas

Un día de invierno tenía que enviar un paquete en el correo. La batería de mi coche estaba muerta, y tuve que caminar ocho calles hasta la oficina de correos. Traté de evitar las manchas resbalosas en la acera pero, a pesar de mi precaución, me resbalé y caí. Aunque por fortuna no me rompí ningún hueso, sentí un fuerte dolor.

Es posible que haya murmurado algunas imprecaciones contra la persona que tendría que haber limpiado más cuidadosamente la acera, pero asimismo sabía que, sin importar si me caí por el aspecto engañoso de la acera o por mi negligencia, no iba a llegar al correo a menos de que me levantara y caminara, con todo y el dolor. Al ir cojeando, presté aún mayor atención a las posibles manchas resbalosas que podían provocarme otra caída.

A pesar de mi dolorosa caída, estaba dos calles más cerca

de mi destino que cuando salí. La caída no borró el trayecto que ya había recorrido.

Es así como considero una recaída. Sin importar su dolor, *no* es una regresión a la casilla número uno. El progreso hecho hasta el punto en que se da no puede negarse. El adicto que recae debe volver a empezar desde ese punto, como cuando me resbalé en el hielo, y estar aún más alerta a todo aquello que le pueda ocasionar una recurrencia.

Reincidencia del pensamiento

Un observador sagaz, terapeuta o asesor, puede detectar la recurrencia del pensamiento adictivo que puede dar por resultado una recaída. Si aquél se corrige, se puede prevenir la recaída. Por ejemplo, la persona en recuperación que empieza a dar señales de impaciencia puede haber vuelto al concepto del tiempo del adicto. Aquel que afirma no necesitar tantas reuniones porque ahora tiene el control tal vez está volviendo a la omnipotencia. El que se revuelca en remordimientos puede estar regresando a la vergüenza. Aquel que recurre a la racionalización o a la proyección de culpas, o que se vuelve inhabitualmente sensible a la conducta de los demás, puede estar experimentando la hipersensibilidad o la santurronería del adicto. Volverse arisco o pesimista puede señalar una depresión o las expectativas mórbidas características del pensamiento adictivo. Cualquier recurrencia de lo que hemos llegado a reconocer como pensamiento adictivo puede ser el preludio de una recaída. La rápida detección de la recaída al pensamiento adictivo y la restitución de un pensamiento sano puede ayudar al adicto a evitar una reincidencia en las sustancias químicas.

Volver al programa de los Doce Pasos

Muchas personas se frustran al volver a AA, a NA o a otro programa de los Doce Pasos después de una recaída. Recuerdan el maravilloso sentimiento, el brillo y el afecto que experimentaron al entrar al programa por primera vez y los decepciona no volver a sentir lo mismo al volver a él.

Pero sólo hay un primer beso. La experiencia nunca se duplicará. Al entrar por primera vez al programa de los Doce Pasos, los adictos encuentran a otros semejantes a ellos. Llegan a sentirse bienvenidos y cómodos a medida que se integran a la población en recuperación. La persona que vuelve al programa y busca esta sensación se frustrará y decepcionará. No lo sentirá tan fresco y novedoso.

Los adictos a la cocaína dicen que a lo largo de su adicción intentaron en vano volver a capturar el estímulo de su primer consumo, pero nunca pudieron lograrlo. Intentar volver a experimentar la primera sensación de la recuperación es bastante similar.

Recuerde esto, porque es importante: *Sea realista respecto de la recaída*. El crecimiento de sobriedad que precedió a la recaída no se ha perdido y la persona no puede esperar la experiencia original de la recuperación la segunda vez que la vive. Son dos hechos que a menudo el pensamiento adictivo distorciona.

Capítulo 22

Las frustraciones del crecimiento

La frustración no es la causa del alcoholismo o de otras adicciones a los fármacos. Muchas personas han aprendido a tolerar la frustración y de alguna manera la manejan sin evadirse hacia la anestesia de las sustancias químicas. Es posible que quienes consumen fármacos para lidiar con la frustración no hayan aprendido a tolerarla, o tal vez controlan algunas, pero en su pensamiento adictivo tienen grandes dificultades con otras.

Nos frustramos cuando sentimos que las cosas podrían y deberían ser diferentes a lo que son. Cuando sabemos que las cosas suceden como era de esperarse no nos frustramos, aunque si no nos guste particularmente lo que está sucediendo.

Una serie de retos

De lo que a menudo no se dan cuenta los pensadores adictivos es de que la vida es una serie de retos constantes.

Podemos invertir una gran cantidad de esfuerzo en superar una dificultad, pero apenas habremos empezado a relajarnos cuando nos encontraremos frente a otra, y así sucesivamente hasta el infinito.

Los pensadores adictivos consideran que esto es algo inusual. Si descubren que son incapaces de pasar un largo periodo sin que su paz se vea alterada, se sienten separados e injustamente atormentados. Si beben o consumen otras sustancias químicas, señalarán una serie intolerable de problemas con los que deben intentar lidiar. *Es una cosa tras otra*, se dicen a sí mismos. *Jamás tengo un momento de paz.*

Aunque es una queja legítima, ésta es la realidad para muchas personas y sin embargo el adicto es incapaz de tomar conciencia de ello. Según él nadie más podría estar sujeto a tan terribles tensiones y problemas.

Quienes rodean al adicto deben saber lo suficiente para no creer que la persona tiene una disculpa legítima para consumir alcohol u otras drogas. Pero pueden ser llevados inadvertidamente a una empatía enfermiza. Los diversos problemas que describe el adicto pueden parecer demasiado para que cualquiera los enfrente; pero, al analizarlo con más detenimiento, sus problemas no son tan diferentes de los que tiene el no adicto. Mas lo que percibe el pensador adictivo es que son radicalmente diferentes: *otras personas tienen un descanso de vez en cuando, pero yo no. Jamás.*

Los adictos en recuperación pueden manifestar sus irreales expectativas estando sobrios. Creerán que otras personas también en recuperación se las vieron más fácil. *Mis problemas son peores*, piensan. *Mi cónyuge se quejaba cuando yo bebía, y ahora se queja de que venga a las reuniones todas las noches. El supervisor me observa como un halcón. Mis ex amigos ya ni me llaman...* Sin embargo, a medida que los adictos en recu-

briedad, pero persistirán muchos problemas de realidad. Para la mayoría de las personas la supervivencia económica es una lucha. Pueden suceder cosas en nuestra economía que van más allá de nuestro control y que amenazarán nuestra subsistencia. Asimismo, todos estamos sujetos a enfermedades. Nuestros hijos pueden tener problemas escolares, con amigos y, desde luego, con drogas. No hay escasez de problemas en la realidad que todos enfrentamos, y no hay razón para que los adictos pretendan que los problemas desaparezcan sólo porque están sobrios. Sin embargo, lo que sucede es que los adictos en recuperación empiezan a reconocer sus puntos fuertes para enfrentarse a esos diversos retos. Además, si necesitan alguna ayuda para manejarlos, han aprendido a encontrarla y cómo aceptarla.

Sólo el principio

Muchas personas creen ingenuamente que han concluido su curso de recuperación cuando se "gradúan" de un programa de tratamiento. En ese punto les es difícil entender que ni siquiera han *empezado* su recuperación. El programa de recuperación es sólo una introducción; todavía tiene que darse la recuperación.

Una de las peores cosas que pueden sucederle a una persona que sale de un programa de tratamiento es que todo se mantenga tranquilo durante varias semanas. Esto refuerza la fantasía de que la vida puede carecer de retos. La persona empieza a pensar lo fácil que es la recuperación porque todos los problemas irritantes ya no ocurren. Cuando suceden problemas inevitables la persona es tomada por sorpresa.

A los residentes de nuestro centro de rehabilitación les digo que si enfrentan dificultades durante las primeras semanas subsecuentes al alta pueden culparme a mí. Rezo para que las cosas no les vayan demasiado bien durante las primeras semanas porque deseo que los adictos en recuperación enfrenten la vida real y experimenten de inmediato las presiones de la realidad. Deseo que utilicen muy pronto las herramientas que recibieron durante el tratamiento:

- llamar a su supervisor
- asistir a las reuniones
- compartir con los demás, y
- seguir las recomendaciones de los demás.

Los pensadores adictivos pueden pensar que merecen descansar después de su agotador esfuerzo de tratamiento, pero este tipo de pensamiento puede conducirlos a una recaída. Las dificultades en el camino son inevitables y es realista esperarlas durante la recuperación.

cerebro que son comprensibles las contradicciones inheren-
tes y las inconsistencias de conducta más extrañas. Sin embargo, cuando el adicto se recupera y voltea hacia su antigua conducta irracional, a menudo lo sorprende la manera
en que pensaba y actuaba. Lo que es menos comprensible
es cómo y por qué las demás personas importantes de su
entorno, cuya mente no está alterada por las sustancias químicas, caen presa de tantos pensamientos y conductas
distorsionados.

La respuesta es que todos nosotros tenemos necesidades únicas, algunas sanas, otras no tanto, y la presión emocional para gratificar esas necesidades puede afectar mucho la manera en que pensamos y sentimos. Algunas veces
esas presiones emocionales pueden distorsionar nuestro
pensamiento casi tanto como el fármaco consumido por el
adicto.

A esto se debe que sea tan importante comprender el
concepto del pensamiento adictivo, que existe y opera en
cada persona adicta y, en mayor o menor grado, en los que
lo rodean y son importantes para él.

Poniendo a prueba la realidad

En la vida de todos los días nadie se detiene a preguntarse
¿Es posible que esté alucinando? No podemos funcionar bien
en la realidad si dudamos de todo. Cuando el autobús llega
a la parada, nos subimos a él y no pensamos: *Tal vez este
autobús no existe en realidad. Tal vez sólo estoy alucinando un
autobús.* Este pensamiento nos paraliza.

Cuando suceden cosas que están más allá de nuestras
expectativas, es posible que nos pellizquemos para asegu-

rarnos de no estar soñando. Esto puede ocurrir cuando sucede algo fuera de lo común, ya sea bueno o malo. Nos pellizcamos para poner a prueba la realidad.

Puede ser pedir demasiado de los adictos activos el intentar descubrir si sus percepciones son reales o distorsionadas. Pero valdría la pena que las personas cuyo cerebro no está distorsionado por sustancias químicas y que están relacionados con un drogadicto verifiquen su propio pensamiento y que consideren la conducta del adicto desde una perspectiva adecuada. Esto es legítimo sin importar si se es el esposo, la esposa, uno de los padres, el hijo, el terapeuta, el supervisor, un amigo, el sacerdote o pastor o cualquiera que tenga que ver con un adicto activo. Mientras más entendemos la manera en que piensan y funcionan los adictos, menos probable será que nos paralice el impacto de su conducta, y que nos engañen sus ingeniosos ardides y manipulaciones. Además, si podemos comprender nuestras poderosas fuerzas internas capaces de producir muchas de las mismas distorsiones que son resultado de las sustancias químicas, opondremos menos resistencia cuando se nos señale nuestro papel de codependientes.

Dos más dos igual a cinco

La madre de un joven que se estaba destruyendo con alcohol y otros fármacos no podía entender cómo no se percataba de los desastrosos efectos de las sustancias químicas en su vida. Solicitó ayuda para manejarlo. "Pero no me digan que lo tengo que correr de la casa o que no debería pagar la fianza para sacarlo de la cárcel", dijo. "No quiero oír eso."

Richard Isralowitz y Mark Singer. Nueva York: Haworth Press, 1983.

Twelve Steps and Twelve Traditions, 38ª ed. Nueva York: Alcoholics Anonymous World Services, Inc., 1988.

Twenty-Four Hours a Day, Ed. rev. Center City, Minn .: Hazelden Educacional Materials, 1975.

Twerski, Abraham J. *Like Yourself: And Others Will Too*, Englewood Cliffs, N.J.: Prentice Hall, 1978.

————, *Caution: Kindness Can Be Dangerous to the Alcoholic*, Englewood Cliffs, N.J., Prentice Hall, 1981.

————, *Self-Discovery in Recovery*, Center City, Minn.: Hazelden Educational Materials, 1984.

————, *Life's Too Short*. Nueva York: St. Martin's Press, 1995.

————, *I'd Like to Call for Help, But I Don't Know the Number*. Nueva York: Henry Holt and Company, 1996.

Índice

Seis reglas radicales para sobrevivir con tu pareja
de William Nagler y Anne Androff

¡Adiós a la sabiduría convencional! ¡Bienvenidas las seis reglas radicales! Con esta obra por fin tendrá en sus manos un conjunto de preceptos iconoclastas que han demostrado su eficacia para mejorar dramáticamente el estado de nuestras relaciones amorosas. Mantener el amor depende de hechos concretos e infinitamente sencillos y, gracias a esta obra, usted volverá a descubrir las verdades eternas del amor.

24 horas al día

Esta obra ha sido formulada para aquellos que deseen iniciar cada día con unos minutos de pensamiento, meditación y oración, y para que compartan sus puntos de vista con sus compañeros. Estas lecturas diarias les ayudarána encontrar la fuerza que necesitan para permanecer sobrios. Si hoy no bebemos esa primera copa, jamás la beberemos, porque siempre es hoy.

Cuando nada es suficiente
de Laurie Ashner y Mitch Meyerson

Cuando nada es suficiente nos enseña cómo eliminar la insatisfacción crónica y reemplazarla con la grata sensación de felicidad y autorrealización por medio del profundo conocimiento de uno mismo. ¿En qué se diferencian de nosotros las personas felices? Los autores, ambos psicoterapeutas, han descubierto ciertos rasgos que comparten quienes se consideran felices a pesar de sus problemas. Con esta obra cambiarán totalmente nuestros patrones de pensamiento erróneo.

El lenguaje del adiós
de Melody Beattie

Un libro de meditaciones diseñado para ayudarle a pasar unos cuantos momentos al día reviviendo en su interior todo aquello que le ayude a sentirse bien mientras sigue adelante en el proceso de la recuperación. *El lenguaje del adiós* es un orientador invaluable para establecer metas alcanzables y valores en los cuales se apoye para salir adelante todos los días de su vida.